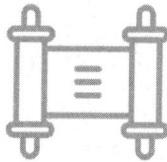

TIAGO BRUNET

PRINCIPIOS MILENARIOS

10 LEYES ESPIRITUALES PARA
UNA VIDA DE PAZ Y PROSPERIDAD

W

WHITAKER
HOUSE
Español

Principios Milenarios
10 leyes espirituales para una vida de paz y prosperidad
Tiago Brunet

Edición: Henry Tejada Portales

ISBN: 979-8-88769-250-0
eBook ISBN: 979-8-88769-251-7
Impreso en Estados Unidos de América
© 2024 por Tiago Brunet

Whitaker House
1030 Hunt Valley Circle
New Kensington, PA 15068
www.espanolwh.com

Por favor, envíe sugerencias sobre este libro a: comentarios@whitakerhouse.com.

1 2 3 4 5 6 7 8 9 10 11 **ധ** 31 30 29 28 27 26 25 24

DEDICATORIA

Dedico este libro a mi madre, Fani Brunet (*in memoriam*). Mami, este es el primer libro que publico que tú no leerás. Dios lo prefirió así, tenerte cerca de él. Te amaré y honraré por siempre. Tus nietos, Jeanine y yo, te extrañamos enormemente y hasta la eternidad. Nos consolamos con la esperanza de vernos en la eternidad.

A mi suegra, Ivelise de Carvalho (*in memoriam*). Después de una dura batalla contra el cáncer, descansó en el Señor. Solo Dios sabe la importancia que tuviste en mi vida y cómo facilitaste tantas cosas para que hoy pudiera ser el hombre que soy. Cuidaré por siempre de tu legado, de tu hija y de los nietos que tanto amabas.

PRÓLOGO

Todos nosotros tenemos un deseo insaciable de libertad. Es por eso que los bebés se aventuran fuera del regazo de su madre para explorar su entorno, los jóvenes se arriesgan a formar nuevas amistades, los adultos anhelan lugares que nunca antes habían visto, ¡y los pueblos oprimidos sueñan con, tarde o temprano, derrocar a sus dictadores!

Por otro lado, nunca ha habido tantos esclavos viviendo en sociedades que se dicen libres. Esclavos de la necesidad de ser el centro de atención, sin darse cuenta de que el secreto de una felicidad inteligente y duradera reside en las cosas simples y anónimas. Esclavos de la intoxicación digital, manifestada en la ansiedad por responder a todo y a todos, sin comprender que una persona verdaderamente libre nunca debe fundamentar su felicidad en la opinión de los demás. Esclavos de los estándares de belleza, sin saber que la belleza física e intelectual está en los ojos del observador, y no puede ser comprada, vendida ni comparada. Esclavos del radicalismo sociopolítico, sin entender que la discrepancia es un elemento esencial en todas las sociedades saludables. Esclavos de su propio ego, sin reconocer que el egocentrismo es un gran villano para la salud mental.

Existen más de 10 millones de personas tras las rejas en las principales naciones del mundo. ¿Y cuántas personas están encerradas mentalmente? Es imposible dar una respuesta exacta a esta pregunta, pero las cifras no son muy alentadoras. Se estima que una de cada dos personas tendrá algún tipo de trastorno mental a lo largo de su vida, y tal vez ni el 1 % de ellas reciba el tratamiento adecuado, ya sea por falta de acceso a profesionales o por negar su enfermedad.

Solo recientemente hemos comenzado a entender el poder de nuestra mente, y cómo los obstáculos mentales pueden ser mucho mayores que cualquier contratiempo externo. Esto se debe a que pensar no es simplemente un atributo del yo, que representa la capacidad de elección, el libre albedrío, la autonomía y la conciencia crítica. También es el resultado espontáneo de fenómenos inconscientes que generan miles de pensamientos diariamente, capaces de hacernos más creativos que cualquier director de cine de Hollywood. Sin embargo, sin principios que guíen esta extraordinaria creatividad, podríamos utilizarla para producir muchos filmes de terror. ¿Qué tipo de película estás produciendo en tu mente?

Para algunos millones de seres humanos, la respuesta a esta pregunta es "películas sobre el futuro". Las preocupaciones en relación con el porvenir pueden ser una fuente infinita de angustia. Para otros, el pasado es el mayor protagonista de sus películas. Rumian agravios, pérdidas y decepciones, aunque sea imposible volver al pasado y hacer algo diferente. Pero aún hay muchas opciones en este catálogo de películas: algunos sufren de baja autoestima, otros de inseguridad; hay quienes enfrentan la timidez o la depresión.

La sociedad moderna también presenta desafíos para el bienestar mental. Actualmente, un niño de 7 años tiene más información que John Kennedy en el apogeo de la Guerra Fría con Rusia. Esta sobrecarga mental genera agitación, déficit de concentración, inquietud, entre otros. Hoy también observamos con qué frecuencia las personas que son excelentes compañías para otros se transforman en verdaderos verdugos cuando se trata de sus propias emociones.

Además de estos desafíos de orden interno, aún existen las trampas típicas de las relaciones sociales, tan antiguas como el propio hombre. Muchas personas no son transparentes. En una conversación de diez minutos, cuentan en promedio tres mentiras o medias verdades. Otras nunca reconocen errores, pues tienen miedo de descubrirse como simples mortales que caminan en el trazado del tiempo y que, en sus limitaciones, son falibles e insuficientes. Aun hay quienes no saben buscar y mantener la paz, como los matrimonios que después de las promesas hechas en el altar, comienzan a pelear por pequeñas contrariedades.

Ante tanta complejidad psíquica, tantas trampas y cárceles mentales, ¿cómo alcanzar una existencia más plena? La respuesta está en el código que orienta nuestros pasos. Si queremos enfrentar el mundo y gestionarnos a nosotros mismos, necesitamos principios necesarios que gobiernen, administren, apacigüen y protejan la vida. De lo contrario, el terreno de nuestra personalidad, ya sea de un intelectual o un iletrado, padres o hijos, profesores o alumnos, líderes espirituales o seguidores, psiquiatras o pacientes, será tierra de nadie, un desierto inhóspito, cáustico, estéril y enfermo. Ese es uno de los objetivos fundamentales del inteligente y hermoso libro de mi estimado amigo Tiago Brunet, que comenta y enseña estos diez principios milenarios.

Espirituales, atemporales y universales, estos códigos son la brújula para todos los que desean navegar fuera de sus cárceles mentales, hacia una vida sabia y llena de propósito.

Habiendo sido mi aplicado alumno al inicio de su trayectoria, osado, perspicaz, capaz de entender que quien vence sin riesgos triunfa sin glorias, y con un enorme deseo de contribuir al desarrollo de otros, Tiago nunca perdió los cimientos de la humildad. Y como el Maestro de maestros sorprendentemente nos enseñó, solo es grande quien se hace pequeño para hacer grandes a los pequeños. Hoy, Tiago se ha convertido en un brillante profesor, maestro de maestros.

Los 10 principios milenarios no solo son importantes, sino esenciales. Son herramientas para que podamos convertirnos en autores de nuestra propia historia, audaces, creativos, emocionalmente felices, intelectualmente sabios, pacificadores, altruistas, y líderes de nosotros mismos antes de liderar a otros.

Excelente viaje, jornada y lectura.

Augusto Cury

Psiquiatra más leído en el mundo, con diversas obras teatrales y largometrajes (en fase de guion) basados en sus trabajos. Autor del primer programa de Gestión de la Emoción y de una de las pocas teorías actuales sobre la construcción del pensamiento, la conciencia y el funcionamiento de la mente. Profesor del Programa de maestría y doctorado de la Universidad de São Paulo (USP).

ÍNDICE

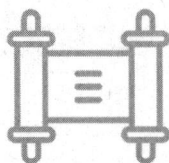

LA VIDA TERRENAL

NO ES FÁCIL,

PERO NO TIENE POR

QUÉ SER PESADA.

INTRODUCCIÓN

Esperé muchos años para escribir este libro. Es el resumen de todo lo que creo que necesitamos para mejorar como seres humanos y sobrevivir al caos de este mundo en el que vivimos. Este libro es la respuesta para quienes desean una vida de paz y prosperidad.

Y, claro, esta existencia terrenal no es fácil para nadie.

Tal vez admires a alguien en internet e imagines que su vida es perfecta. Pero, como mentor de algunas celebridades y profesor de vida de miles de personas, te aseguro: a veces son solo apariencias. No todo es tan lindo como lo ves en las redes sociales.

Nuestra peregrinación en esta tierra equivale a abrir un sendero en el corazón de un bosque en busca de la cima de una montaña. Al fin y al cabo, quien está en lo alto tiene mayores posibilidades de sobrevivir. Sobre la humanidad flota el deseo de conquistar la vista privilegiada que proporcionan las alturas. Estar allá arriba es un deseo intrínseco al ser humano.

Desde la cima, es posible contemplar las rutas ya existentes; esta es generalmente la vista de los sabios o virtuosos. Se puede verificar el camino más corto para llegar a determinado destino, ver ríos y entender cómo alcanzarlos, localizar peligros y saber cómo evitarlos.

La mayoría de nosotros, sin embargo, estamos en la selva cerrada, sin siquiera una brújula. Todo lo que tenemos son los sentidos naturales, los instintos. ¡Ah, los instintos!

Los árboles ofrecen sombra, pero albergan depredadores. Los ríos proporcionan agua y esconden peligros. Hay miedo, duda y angustia. En esta vida, no todo es lo que parece. Esta peregrinación terrenal está llena de incertidumbres, ataques de malhechores, miedos y traumas del pasado. Pero, créeme, hay algo que hace que este viaje esté lleno de paz y prosperidad.

> *Vengan a mí todos ustedes que están cansados y agobiados; yo les daré descanso. Carguen con mi yugo y aprendan de mí, pues yo soy apacible y humilde de corazón, y encontrarán descanso para sus almas. Porque mi yugo es suave y mi carga es liviana.*
>
> Mateo 11:28-30

Es una cuestión de supervivencia evitar los riesgos de manera atenta y estratégica. El follaje dificulta la visión, las sensaciones negativas invaden la mente y la esperanza de finalizar el trayecto con seguridad disminuye cada día. El sendero de la existencia es empinado.

He tenido la oportunidad de estar en lo alto de montañas y también de sobrevolar una ciudad en helicóptero. ¡Cómo entendemos mejor la vida abajo cuando la observamos desde arriba! Y es exactamente eso lo que los principios milenarios hacen con nosotros: nos llevan a lo alto y nos dan la perspectiva necesaria para que la vida no parezca aterradora y cruel.

Desde los más adinerados hasta los superespiritualizados, todos enfrentan adversidades. Solo los principios que han funcionado durante milenios pueden ayudarte a ver las salidas de esta selva aterradora de nuestra existencia.

¿Está realmente destinado el ser humano a sufrir viviendo atrapado en esta selva, o logrará alcanzar la cima de la montaña, donde la vida puede ser próspera, acumulando paz y victoria en todas las áreas?

En los últimos años, me he dedicado a estudiar e investigar cómo facilitar la jornada terrenal. Perdí a mi madre en septiembre de 2021, y esto me llevó a reflexionar aún más intensamente sobre la vida. Sé que no puedo definir cómo y cuándo terminaré mi existencia física, pero entendí que puedo decidir cómo vivir mientras esté aquí: ayudando al mayor número posible de personas a alcanzar la visión estratégica desde lo alto. Es decir, independientemente de las dificultades de la vida, saber vivirla.

VISTA PRIVILEGIADA, DECISIONES ACERTADAS.

Con la visión panorámica, es más fácil decidir el camino a seguir. Mirar desde lo alto permite aumentar la conciencia sobre los obstáculos que pueden detenernos y sobre el camino más rápido para llegar a nuestro destino.

He estudiado este tema durante casi una década, y he entrevistado a algunos de los hombres y mujeres más influyentes. A partir de esta experiencia, concluí que ver las posibilidades que serán más fructíferas y optar por seguir caminos divinamente previstos (lo que considero una definición de felicidad), son capacidades desarrolladas por aquellos que practican principios espirituales. ¡Relee estas tres últimas líneas! Sí, relee.

Este libro es una riqueza de contenido filosófico, bíblico y empírico para que puedas remover algunas piedras de tu camino. No existe una fórmula mágica para alcanzar esa vista, pero los principios señalan el camino. A través de ellos atravesarás esta vida con menos accidentes en el camino.

Al llegar a la cumbre, tus relaciones pueden mejorar mucho. Tus negocios pueden despegar. Tu vida emocional florecerá.

Te debes estar preguntando: "Tiago, si basta con cumplir estos principios para tener una vida mejor, ¿por qué la gente simplemente no los cumple?". La respuesta es fácil: porque la mayoría de los principios espirituales y milenarios contradicen nuestros sentimientos y nuestras emociones. ¿Cómo —por ejemplo— practicar el principio irrefutable del honor, si tu padre te abandonó o abusó de ti? ¿Y si tu madre es una narcisista? ¿Cómo cumplir el principio de ser auténtico mientras vivimos en una sociedad falsa que valora la imagen proyectada en las redes sociales? ¿Cómo ser generoso si aquellos que te rodean quieren succionarte como parásitos?

En las próximas páginas me comprometo a enseñarte a blindarte y a colocarte en la dirección correcta para tener éxito en la travesía de tu selva particular. Enseñaré los diez principios milenarios y espirituales, que también son atemporales y universales. Contra ellos no hay ley y, principalmente, tienen una base escrita antigua a ser consultada.

Cumplir estos principios es difícil, pero es la única forma de vivir que nos permite tener resultados permanentes y seguros. Te garantizo que dejarse guiar por los sentimientos u opiniones de otras personas también conduce a un resultado cruel. Elige el camino difícil. Elige sabiamente. La vida en la tierra no es fácil, pero no tiene por qué estar llena de fracasos. ¡Puede estar llena de paz y prosperidad! Con decisiones difíciles, pero asertivas, podrás obtener victorias a lo largo del camino y aun así alcanzar el éxito.

Mi propósito con este libro es que aprendas, practiques y obtengas la visión privilegiada de quien ve los caminos de la vida desde la cima de la montaña a través de la evolución espiritual, la expansión de la conciencia y la sabiduría infinita.

Comprométete ahora a estudiar un principio al día; y en diez días tu vida será diferente. Se acerca el alivio de tus cargas, la paz que buscas, la prosperidad que necesitas; pero haz tu parte.

Ven conmigo. ¡El cambio empieza ahora!

Tiago Brunet

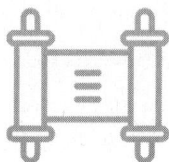

LOS PRINCIPIOS EXISTEN PARA PROTEGERTE. LOS CÓDIGOS ESPIRITUALES FUERON DIVINAMENTE CREADOS PARA BLINDAR Y PROMOVER TU VIDA.

1

EL PRINCIPIO DE LA MADUREZ: LA LEY ESPIRITUAL INALCANZABLE

Cuando yo era niño, hablaba como niño [...]; cuando llegué a ser
adulto, dejé atrás las cosas de niño.
1 Corintios 13:11

Tú, que ya eres adulto, ¿has abandonado el infantilismo emocional?

Los niños no suelen ser maduros. Cuando nacen, no saben nada y dependen de todo y de todos. A medida que crecen y aprenden de los mayores, ganan cierta independencia y autonomía, pero todavía tienen dificultades para lidiar con sus emociones y realizar tareas que consideran desagradables, como hacer los deberes o arreglar su cuarto. Por eso muchas veces lloran, hacen berrinches y exigen que se cumplan sus deseos.

MADUREZ, EMOCIONAL Y ESPIRITUAL,
ES SER UN FILTRO Y NO UNA ESPONJA.

Los adultos suelen ser más maduros que los niños, quienes debido a su poca edad y experiencia, no pueden prever el final de una situación provocada por una palabra o actitud. Por ejemplo, a mis 43 años, yo tengo la capacidad de saber cómo terminará un conflicto provocado por un insulto y la importancia de tener una casa limpia. El niño, no.

Sin embargo, la madurez no es un beneficio que viene necesariamente con la edad. En realidad, es una ley espiritual que puede ser practicada en cualquier etapa de la vida. Esta es la característica común de los que han alcanzado la felicidad: a pesar de las tormentas externas, siempre están en paz por dentro.

Ahora, curiosamente, la madurez es una ley espiritual inalcanzable porque su etimología ya revela que esta palabra significa estar totalmente listo. Y la realidad es que nunca lo estaremos. Entonces, el objetivo de este capítulo es hacerte abandonar las cosas de niño y buscar cada día actuar como adulto, como una persona madura.

Es decir, tener madurez significa hacer lo que necesita hacerse, y no solo lo que queremos. La madurez no es un estado del espíritu, sino una búsqueda constante. ¿Entendido?

Es el estilo de vida de quien es próspero, porque a través de la madurez tal vez no siempre consigas lo que quieres, pero siempre alcanzarás lo que necesitas. Es fruto de la sabiduría, y con ella los problemas de un ser humano se reducen considerablemente.

¡Madurez! Con ella somos útiles a la sociedad y traemos beneficios a quienes conviven con nosotros. No entramos en cualquier conflicto, nos conocemos bien a nosotros mismos y tratamos a las personas de la mejor manera posible, porque sabemos que la vida da vueltas y todo lo que sembramos, cosechamos.

Entendemos la vida y sabemos lidiar con sus procesos. Como el apóstol Pablo nos enseña en su carta a los corintios: *Cuando yo era niño, hablaba como niño, pensaba como niño, razonaba como niño; cuando llegué a ser adulto, dejé atrás las cosas de niño* (1 Corintios 13:11).

¿Será esto verdad en tu vida?

Conozco hombres de 50 años que son niños en sus emociones, y jóvenes de 30 que ya han madurado lo suficiente para vivir con excelencia.

Es común tener que lidiar con situaciones negativas con mayor frecuencia de la deseada. Creo que la mayoría de las personas enfrenta al menos una circunstancia indeseada por mes, aunque sea el fin del último chocolate que deseas en la estantería del mercado. Es imposible no tener que lidiar con alguna condición negativa.

Existen muchas formas de reaccionar a lo que sucede en la vida. En la época en que eras estudiante, en las clases de física en la escuela, escuchaste sobre la Tercera Ley de Newton, que dice: "A toda acción siempre hay una reacción opuesta y de igual intensidad: las acciones mutuas de dos cuerpos uno sobre el otro siempre son iguales y dirigidas en sentidos opuestos".[1] Esta ley de la física es del área de la mecánica y se conoció popularmente como Ley de Acción y Reacción. Simplificando el concepto, se puede decir que toda acción genera una reacción. Es verdad. Y es nuestro nivel de madurez lo que determina nuestras reacciones. El secreto es que si tu reacción es desproporcionada a la acción que la provocó, eres tú quien va a sufrir. ¿Te parece lógico?

Ley de Acción y Reacción. Golpeó, recibió. Ojo por ojo, diente por diente. Ladrón que roba a ladrón tiene cien años de perdón. Sea cual sea la fuente de conocimiento que uses para justificar las reacciones que consideras proporcionales a las situaciones negativas que aparecen, entiende que en el camino de la vida, tu nivel de madurez determinará tu reacción. Y tu estado de ánimo depende de eso.

---

1. BRASIL ESCUELA. "Leyes de Newton". Disponible en: https://brasilescola. uol.com.br/fisica/leis-newton.htm#3%C2%AA+Lei+de+Newton. Acceso el 23 de octubre 2023.

Recuerda, sin embargo, que la manera en que reaccionas define tus próximos años. Observa lo que Jesús de Nazaret dijo al respecto:

> *Ustedes han oído que se dijo: "Ojo por ojo y diente por diente". Pero yo digo: No resistan al que les haga mal. Si alguien te da una bofetada en la mejilla derecha, vuélvele también la otra. Si alguien te pone pleito para quitarte la capa, déjale también la camisa. Si alguien te obliga a llevarle la carga una milla, llévasela dos.* (Mateo 5:38-41)

Esta es la propuesta espiritual de madurez enseñada por Jesús. Incluso si sales en aparente desventaja, resuelve el problema el mismo día en que surgió. En otras palabras, no dejes que los problemas pequeños se conviertan en gigantes por tu orgullo.

Siempre repito una frase a mis colaboradores: "Cada uno elige su destino". Es importante que la entiendan y que yo tampoco la olvide, pues no debo resentirme con sus decisiones; después de todo, tener un alma libre es una característica de las personas maduras. Las personas con un alma libre son aquellas que han aprendido a manejar sus sentimientos de manera saludable, lo que significa que sus emociones no están atrapadas en las situaciones vividas en el pasado. Eso también es señal de madurez: saber lidiar contigo mismo y estar en paz con lo que ya pasó y que no puede ser cambiado.

> CADA UNO ELIGE SU DESTINO CON SUS PALABRAS Y ACTITUDES: SU NIVEL DE MADUREZ DETERMINARÁ CÓMO SERÁ SU FUTURO.

Otra característica de la madurez es tener idea de cómo termina la historia. Como ya dije, los niños son inmaduros porque no pueden observar las circunstancias y prever cuál será la consecuencia de una decisión o actitud. Por lo tanto, actúan sin pensar y repiten el error hasta aprender. Los adultos, por su parte, al menos teóricamente, deberían saberlo mejor.

Recuerdo cierta madrugada fría del invierno de São Paulo en que José, mi segundo hijo, en ese entonces con 4 añitos, vino a mi habitación y me despertó a las cinco de la mañana. Para mi sorpresa, José quería preguntarme si se casaría cuando creciera. ¡No lo podía creer!

Respondí sonriendo, y con esa voz de quien fue despertado de repente, que casi no sale de la boca: "Hijo, no son ni las cinco de la mañana. ¿Qué pregunta es esa?".

Mi respuesta no tuvo ningún efecto en ese niño curioso. José escaló la cama, se sentó con las piernas cruzadas y continuó, con el ceño fruncido digno de su inquietud: "Papá, si me caso y me voy a vivir a otra casa, ¿quién cuidará de mí?". La duda de mi niño me hizo reír. En realidad, tuve ganas de soltar una carcajada (¡a las cinco de la mañana y con una pregunta así!), pero me contuve para no despertar a Jeanine, mi esposa.

A los 4 años José necesitaba muchos cuidados y aún no tenía independencia. La base de su cuestionamiento era la de un pequeño niño que necesitaba a alguien para bañarlo, ayudarlo a alimentarse, ponerlo a dormir... Pero, por algún motivo, José se dio cuenta de que después del matrimonio el hijo ya no vive con los padres. Al analizar estos puntos, entendí que se trataba de un tipo de ansiedad respecto al futuro. Quería saber cómo sería vivir sin los padres, ya que en ese momento los necesitaba para casi todo.

Lo abracé y le di un beso apretado en su mejilla. Inmediatamente después lo miré profundamente a los ojos y le dije: "Hijo, no se puede ver el futuro con la cabeza del presente. El sentido de algunas acciones y decisiones, como dejar la casa de los padres y casarse, solo puede entenderse con el tiempo, cuando crecemos y maduramos.

Tu preocupación hoy debe ser dormir, porque en poco tiempo ya es hora de ir a la escuela".

Esta lógica no solo vale para los niños, es una verdad para todos nosotros.

> SOLO QUIEN YA HA CRECIDO POR DENTRO PUEDE ATREVERSE A IMAGINAR SU PROPIO DESTINO.

Las Sagradas Escrituras afirman que hay una gran diferencia entre quien ya es maduro o no, independientemente de su edad:

> *Sobre este tema tenemos mucho que decir, aunque es difícil explicarlo porque ustedes se han vuelto apáticos y no escuchan. En realidad, a estas alturas ya deberían ser maestros; sin embargo, necesitan que alguien vuelva a enseñarles los principios más elementales de la palabra de Dios. Dicho de otro modo, necesitan leche en vez de alimento sólido. El que solo se alimenta de leche es inexperto en el mensaje de justicia; es como un niño de pecho. En cambio, el alimento sólido es para los adultos, pues han ejercitado la capacidad de distinguir entre el bien y el mal.*
>
> (Hebreos 5:11-14)

A lo largo de mi vida sudé y trabajé con dedicación para conquistar muchas cosas. Hay beneficios que podemos obtener con dinero. Otros, sin embargo, cuestan tiempo, emoción o se generan mediante el dolor. De todo lo que luché por tener, la madurez fue lo más doloroso de desarrollar. Sí, en su totalidad es inalcanzable. Al fin y al cabo, ¿qué ser humano será 100 % bueno y perfecto? Sin embargo, se puede desarrollar en nosotros y todo comienza con una decisión. ¡Cuánto me costó madurar! Por este motivo, soy muy cuidadoso con mi vida, como enseña el Libro de la Sabiduría Milenaria: *Así que tengan cuidado de su manera de vivir. No vivan como necios, sino como sabios, aprovechando al máximo cada momento oportuno, porque los días son malos* (Efesios 5:15-16).

Recientemente estuve en un evento en Brasil con cinco mil personas reunidas en un gimnasio que llegaron para escuchar la conferencia. Al subir al escenario, vi en medio del público a un hombre con quien hace unos veinte años tuve muchas desavenencias. Para ser más preciso, en ese entonces nuestra discordia casi se convirtió en una pelea física. ¡Qué tensión!

Sin embargo, el tiempo casi había cerrado la herida que yo cargaba; además, días después de nuestro último desacuerdo, conversamos y nos perdonamos mutuamente. No mantuvimos en contacto y seguimos con nuestras vidas hasta ese reencuentro.

El evento era grande. Muchas personas se habían desplazado desde diferentes ciudades del país para participar. Estaba en la lista de los autores más vendidos de Brasil con el libro *Especialista en personas*[2] y, de repente, reconocí a ese hombre en medio de la multitud. Estaba en ese lugar lleno de gente, pero mis ojos lo encontraron. En ese momento detuve la conferencia, lo miré, y usando el micrófono le pregunté si era quien yo pensaba. Tan pronto como asintió con la cabeza, pedí a los guardias de seguridad que lo trajeran y lo pusieran en la primera fila. Esa fue la forma que encontré en ese momento para honrarlo públicamente.

LA MADUREZ MATA EL ORGULLO Y CANCELA LA VENGANZA.

Es común alimentar sentimientos pesados y negativos por personas que han errado con nosotros. Sea de forma leve o agresiva,

---

2. BRUNET, Tiago. *Especialista en personas*. São Paulo: Planeta, 2020.

intencionalmente o no, estas emociones se mantienen porque hay errores cometidos contra nosotros que son difíciles de olvidar.

La madurez, sin embargo, permite que tanto personas como sentimientos salgan de nuestra vida, porque no necesitan ni pueden seguir ocupando espacio. Es necesario desprenderse de lo que ya pasó, de todo aquello que ya no forma parte de tu vida. Incluso cuando la experiencia pasada fue positiva, si ya no es parte de tu realidad, es esencial dejarla de lado para que puedas vivir lo que está por venir. No es posible alcanzar la paz y la prosperidad si estás atrapado en el pasado.

SIN MADUREZ, LOS HOMBRES ACTÚAN COMO NIÑOS, LOS LÍDERES SE VUELVEN DICTADORES, Y QUIENES AMAN HIEREN COMO SI ODIARAN.

¿Existe algún sentimiento o alguien en tu historia de vida que necesite ser dejado de lado para que puedas vivir lo que está por venir? ¿Esas personas o situaciones fueron positivas o negativas en tu historia? ¿Sigues atrapado en ese pasado? ¿Qué te impide seguir adelante y dar el paso de madurez que puede transformar tu vida?

_____

_____

_____

Madurez es no sentirse herido por la opinión de los demás, significa no hacer una tormenta en un vaso de agua por el infantilismo de quienes te rodean. Peleas, chismes, intrigas, separaciones, quiebras financieras, ansiedad... Todas estas y tantas otras situaciones en este mundo son fruto de la inmadurez humana.

> ## NADA PROTEGE MÁS AL SER HUMANO QUE LA MADUREZ QUE DESARROLLA.

Ahora presta atención a esta verdad: pasar por problemas no genera madurez; vencerlos, ¡sí!

"Pero, Tiago, ¿y cómo puedo vencer algo con lo que ni siquiera sé lidiar?". Esta pregunta no tiene una respuesta simple y, además, puede estar acompañada de muchas otras como: ¿Por qué los maridos se van de la casa y abandonan a sus hijos al romper la alianza hecha en el altar, para vivir con una amante cualquiera? ¿Por qué los hijos que fueron bien cuidados por sus padres se vuelven rebeldes? ¿Por qué personas nacidas y criadas según los principios milenarios deciden vivir el lado más oscuro de la vida? Mi respuesta es que sin madurez los hombres actúan como niños, los líderes se vuelven dictadores, y quienes aman hieren como si odiaran.

La madurez es el resultado de tu crecimiento emocional y espiritual.

Madurez es darse cuenta de lo que ya no te sirve y desapegarse. Es saber lo que ya no combina con quien te has convertido y dejar que se vaya. Es como mirar una foto antigua y que te extrañes del estilo de tu corte de pelo o de la ropa que solías usar. Tal vez pienses: *Era la moda de la época* o *Cosas de joven*. El hecho es que en determinado momento cambiaste y abandonaste ese corte de pelo y ese estilo de vestimenta. Con esta pequeña ilustración se puede decir que has madurado en relación a cómo te presentas ahora. Me tomaré la libertad de usar un pasaje de la Biblia con una aplicación diferente a la más convencional. Creo que es útil tomarlo como referencia para esta situación: *Una cosa hago: olvidando lo que queda atrás y esforzándome por alcanzar lo que está adelante, sigo avanzando hacia la meta* (Filipenses 3:13-14).

Madurar también significa asumir responsabilidades, hacer lo que tiene que hacerse, no lo que se quiere hacer. Es aceptar los desafíos del futuro sin abandonar la coherencia del presente. Madurez es hacer lo que funciona, no lo que tus emociones exigen.

LA MADUREZ EVITA GUERRAS QUE CIERTAMENTE PERDERÍAS.

ESTÁ DETERMINADO

Aquí hay una verdad que no podemos olvidar: si Dios levantó, nadie puede derribar. A lo largo de la historia, vemos innumerables casos de personas que intentaron derribar a quienes les parecían malos. Olvidaron, sin embargo, que no es posible vencer a quien tiene la protección divina.

Un ejemplo es el rey David, de Israel. Muchos intentaron quitarlo del trono, incluido su hijo Absalón, quien participó en el golpe de estado (lee la historia en 2 Samuel 15–18). Sin embargo, nada remueve a alguien de un lugar cuando fue Dios quien lo puso allí. ¡Destino! No es posible luchar contra él.

David fue el hombre conforme al corazón de Dios, incluso habiendo errado mucho durante su trayectoria. Desde la adolescencia, sin embargo, demostraba madurez, algo que podemos observar desde el relato de su confrontación con el gigante Goliat.

Otro personaje bíblico nos muestra que la madurez nos libra de muchos problemas. Se trata de Gamaliel, un fariseo, doctor de la Ley, que en el siglo I ocupaba un lugar destacado en el Sanedrín, la suprema corte de los judíos en la época de Jesús. Después de que Cristo fue crucificado, la persecución romana contra los judíos se amplió a todos los seguidores de Jesús. El libro de Hechos (que entre otros acontecimientos narra el inicio de la Iglesia) cuenta que los fariseos, grupo religioso judío de esa época, estrecharon el cerco contra los apóstoles, y de todas maneras intentaban impedirles difundir el mensaje del reino dejado por Jesús.

LA MADUREZ NO NOS LIBRA DE ERRORES. PERO LOS REDUCE CONSIDERABLEMENTE Y NOS ENSEÑA A LIDIAR CON CADA UNO.

En una ocasión el caso llegó a Gamaliel, quien era muy respetado por sus pares y por el pueblo de Israel. El hombre resolvió el problema con madurez. Algunos apóstoles de Jesús fueron arrestados y llevados al Sanedrín, y Gamaliel ordenó soltarlos. Como dice el pasaje de Hechos 5:35-39:

Hombres de Israel, piensen dos veces en lo que están a punto de hacer con estos hombres. Hace algún tiempo surgió Teudas, jactándose de ser alguien, y se le unieron unos cuatrocientos hombres. Pero lo mataron y todos sus seguidores se dispersaron y allí se acabó todo. Después de él surgió Judas el galileo, en los días del censo, y logró que la gente lo siguiera. A él también lo mataron y todos sus secuaces se dispersaron. En este caso aconsejo que dejen a estos hombres en paz. ¡Suéltenlos! Si lo que se proponen y hacen es de origen humano, fracasará; pero si es de Dios, no podrán destruirlos, y ustedes se encontrarán luchando contra Dios.

¿Qué final tan increíble, verdad? Cuando Gamaliel dice "estos hombres", se refiere a Pedro y a los apóstoles. Como sabemos, el propósito de ellos fue dado por Dios, y el mensaje que llevaban, el de Jesús, sigue difundiéndose por todo el mundo más de dos mil años después de sus muertes. Cuando algo viene de Dios, nadie puede detenerlo.

NO DEBEMOS LUCHAR CONTRA QUIEN DIOS DECIDIÓ LEVANTAR.

Contaré a continuación una historia personal. Es un relato triste que hasta hoy me sorprende. Hace años, un amigo me hirió profundamente. Teníamos contacto diario y una relación de mucha confianza, por eso hasta hoy no entiendo cómo dejó que su lado emocional se desordenara tanto al punto de romper nuestra amistad.

Era un día muy importante para mí, uno de los más significativos de mi vida hasta entonces. En esa fecha tan especial decidió maltratarme públicamente. Su ego se infló hasta ser más grande que nuestra amistad.

Delante de muchas personas, me menospreció y me ridiculizó. Hoy entiendo que el crecimiento que estaba experimentando en ese momento lo estaba carcomiendo por dentro. Las personas inmaduras no saben lidiar con la victoria de los demás. No celebran los logros ajenos y se sienten incómodas con los éxitos de terceros.

Podría comprender una actitud así de un rival, de un envidioso, pero nunca de un amigo tan cercano. Fue duro. Sentí mucha rabia, pensé en reaccionar y en devolverle el mal con el mal.

Sin embargo, en el momento tragué las palabras y me mantuve en silencio. Durante los dos días siguientes, no dejé de pensar en lo ocurrido. Repasé esa escena muchas veces en mi mente; revisé toda nuestra amistad buscando algo que lo hubiera motivado y no encontré nada. El resultado fue que mi alma se llenó de angustia y rabia.

¿Alguna vez te ha traicionado un amigo, una amiga? ¿Has sido despreciado por alguien a quien amabas? Si respondiste que sí a alguna de mis preguntas, entonces comprendes lo que sentí durante esos días. Fue difícil, necesité tiempo, pero logré reequilibrarme. Mis pensamientos se enfocaron en algunas verdades: todo lo que este amigo tenía y era, le había sido dado por Dios (él es un reconocido líder cristiano); a lo largo de su vida, había pasado por dificultades extremas, situaciones que podrían haberlo derrumbado, sin embargo, seguía de pie.

> ## LA MADUREZ NOS HACE ENTENDER LO QUE VALE LA PENA Y LO QUE NO.

Llegué a la conclusión de que este examigo se equivocó conmigo; sí, pero no estaba condenado por eso. La matemática era simple: a pesar de ese error, Dios estaba con él. Sí, falló seriamente conmigo, yo estaba herido por eso, pero Dios lo amaba. Punto. No puedo luchar contra quien Dios decidió bendecir.

Cuando alguien elegido por Dios se equivoca, ¡es el propio Dios quien se ocupa de él, no quien fue herido!

Este es el hombre que tiempo después, vi en mi conferencia y puse en un lugar de honor. Ese día, me di cuenta de que estaba madurando, aprendiendo a manejar y dominar mis sentimientos. ¿Recuerdas cuando David codició a la mujer de un soldado? Tuvo una aventura con ella, y cuando la mujer quedó embarazada mandó a su esposo al frente de batalla para que muriera. Dios usó al profeta Natán para exhortar a David y llevarlo al arrepentimiento (2 Samuel 11:1–12:9). Es decir, fue el propio Dios quien corrigió el comportamiento errado de su elegido.

Aunque experimenté el amargo sabor de la rabia y la decepción, no me atreví a levantarme contra ese hombre ni a vengarme de la humillación sufrida. Sabía que cuando tocamos a quien Dios levanta, cuando herimos a quien Dios ama, compramos una pelea aún mayor.

> ## MI RABIA NO PUEDE SER MAYOR QUE MI ENTENDIMIENTO ESPIRITUAL.

Es importante que sepas que en el mundo espiritual toda ruptura de principios tiene consecuencias. Esta premisa es válida para cualquier persona. ¡Cualquiera!

LA MADUREZ DEL DR. KING

Sí, el respeto a las autoridades está garantizado por el principio de la madurez. En el Libro de la Sabiduría Milenaria, está escrito: *Pues no hay autoridad que Dios no haya dispuesto, así que las que existen fueron establecidas por él* (Romanos 13:1). La orientación bíblica es orar por los gobernantes, como dice claramente 1 Timoteo 2:1-2: *Así que recomiendo, ante todo, que se hagan plegarias, oraciones, súplicas y acciones de gracias por todos, por los reyes y por todas las autoridades, para que tengamos paz y tranquilidad, y llevemos una vida devota y digna.*

En este tema, Martin Luther King Jr. (1929–1968) nos dio una lección. En plena década de 1960, en medio de una violenta segregación racial, el Dr. King comenzó sus manifestaciones y luchó por los derechos civiles de los negros.

Admiro al Dr. King. Salió a las calles y buscó sus derechos, pero sin romper principios y enseñándonos cómo ser maduro en un mundo de sentimientos infantiles.

Lideró un movimiento que reunió a miles de personas y culminó con el fin de la segregación racial en Estados Unidos. Sin embargo, hizo todo esto sin jamás quebrantar el respeto a la autoridad. Y fíjate: eran autoridades que separaban a negros y blancos. Eran autoridades que defendían lo que Dr. King repudiaba. Aun así, mantuvo el respeto. Y se necesita mucha madurez para actuar así. Las marchas organizadas e impulsadas por el Dr. King eran antiviolencia. El gran líder estadounidense, inspirado por Mahatma Gandhi (1869–1948), activista pacifista indio, trabajó para promover la paz entre negros y blancos. Estaban en contra del sistema, no contra el presidente Lyndon Johnson (1908–1973) ni John F. Kennedy (1917–1963). La preservación de este principio hizo que King luchara por sus derechos sin herir los de los demás.

Otro ejemplo en este sentido, es la historia de David y el rey Saúl. ¿Te acuerdas? Un fragmento de ella refuerza la importancia de este principio. Nuestra mente siempre buscará alternativas. En algún momento buscará un camino más cómodo o de mayores posibilidades. Sin embargo, vale lo que está escrito: no hay autoridad constituida sin autorización de Dios. El joven David lo sabía y su posicionamiento ante los ataques de Saúl nos conmueve. ¿Cómo lo logró? ¿Cómo soportó?

> DAVID ELIGIÓ NO TOCAR AL REY SAÚL INCLUSO CUANDO EL GOBERNANTE ESTABA EQUIVOCADO.

Vamos a la historia. Hace unos tres mil años, el profeta Samuel fue enviado por Dios para ungir al joven David, el hijo menor de una familia con ocho hijos. En esa época Samuel actuaba como un intermediario entre Dios y el pueblo de Israel. Por lo tanto, no era cualquier persona quien tenía el honor de recibirlo en casa. Y con David fue mucho más que una visita cordial.

El profeta fue a su casa, lo seleccionó entre sus hermanos y luego lo ungió como el próximo rey de la nación israelita. El acto de la unción significa consagración, es decir, que alguien está siendo apartado para un destino específico. En la época del Antiguo Testamento eran ungidas las personas que serían levantadas como profetas, sacerdotes y reyes. Después de la impactante visita de Samuel, David sabía que era especial para Dios y que su futuro sería glorioso. No intentó adelantar el tiempo para alcanzar su destino, pues implicaría romper un principio. Cuando David fue ungido, el rey de Israel era Saúl. Mientras pudo, David se sometió a la autoridad de ese rey y solo huyó porque el propio gobernante intentó matarlo.

David sabía que sería el próximo rey, pero no hizo nada para derribar a quien estaba en el trono y así disfrutar sus días de majestad y gloria. Si Saúl era el rey, ciertamente lo era con la autorización de Dios. El valiente que venció a Goliat incluso tuvo la oportunidad de matar a Saúl en la época en que este lo perseguía. Podría haberle quitado la vida a su perseguidor y haber dicho: "Se lo merecía". Sin embargo, veamos lo que leemos en 1 Samuel 26:7-11:

> *David y Abisay llegaron esa noche y vieron a Saúl dormido en medio del campamento, con su lanza clavada en tierra a su cabecera. Abner y el ejército estaban acostados a su alrededor.*
>
> *—Hoy ha puesto Dios en tus manos a tu enemigo —dijo Abisay a David—. Déjame matarlo. De un solo golpe de lanza lo dejaré clavado en el suelo. ¡Y no tendré que rematarlo!*
>
> *—¡No lo mates! —exclamó David—. ¿Quién puede impunemente alzar la mano contra el ungido del Señor?*
>
> *Y añadió:*
>
> *—Tan cierto como que el Señor vive, el Señor mismo lo herirá. O le llegará la hora de morir, o caerá en batalla. En cuanto a mí, ¡que el Señor me libre de alzar la mano contra su ungido! Solo toma la lanza y el jarro de agua que están a su cabecera, y vámonos de aquí.*

Cuando David dijo "el Señor mismo lo herirá. O le llegará la hora de morir, o caerá en batalla. En cuanto a mí, ¡que el Señor me libre de alzar la mano contra su ungido!", estaba siguiendo el mismo concepto que Gamaliel, el notable fariseo y doctor de la Ley, usó en Hechos para mandar soltar a los apóstoles perseguidos siglos después. El erudito enfatizó: "Si su propósito o actividad es de origen humano, fracasará; pero si procede de Dios, no podrán vencerlos, y se encontrarán luchando contra Dios mismo".

Estas dos historias ocurrieron hace miles de años, y sabemos cómo terminaron: Saúl se suicidó para no ser asesinado por los filisteos, y David se convirtió en rey; Gamaliel es recordado hasta hoy por su decisión madura y sabia; y los apóstoles de Jesús difundieron el mensaje de aquel que es el camino, la verdad y la vida por todo el mundo.

Las leyes espirituales rigen la humanidad desde siempre. De nada nos sirve entrar en batalla contra este hecho. Todos los que fueron en dirección contraria a los principios milenarios desaparecieron de la historia o quedaron marcados negativamente. Tu nivel de madurez te llevará a cumplir o incumplir estos principios. Tu nivel de madurez guiará tu reacción y determinará tu futuro.

SEÑALES DE MADUREZ

+ Es alguien de pocas palabras.
+ Nunca habla de los demás.
+ No presume.
+ Se pone en el lugar de las personas.
+ Entiende que el mundo no es justo.
+ Perdona rápidamente.
+ Sabe cómo terminarán las cosas.
+ No juzga.

+ Sabe decir no.

+ No se queja con quien no puede resolver el problema.

+ Escucha ambos lados antes de tomar partido.

+ Entiende que la vida se compone de fases.

+ Administra con excelencia la información que recibe.

Si el principio de la madurez forma parte de tu rutina a partir de hoy, tus resultados cambiarán para mejor. Nunca faltará paz interior y tus relaciones serán saludables y duraderas.

¿Es eso lo que quieres?

Entonces paga el precio, porque la madurez no viene gratis. Pero si la alcanzas, tu vida aquí en la tierra tendrá más paz y más sentido. Como dijo el apóstol Pablo, cuando crecemos, es necesario abandonar las cosas de niño (1 Corintios 13:11).

Aplica las lecciones de este capítulo y tu destino será de paz y honor.

ANALIZA TU NIVEL DE MADUREZ

En el test a continuación, analizarás tu nivel de madurez. Para ello debes responder con sinceridad y rapidez, ¡sin pensarlo dos veces! Marca el círculo que corresponda a tu respuesta: si estás muy de acuerdo con la afirmación, más o menos, en desacuerdo o totalmente en desacuerdo. Al final, suma la cantidad que le corresponde a cada círculo y ve el resultado. La buena noticia es que puedes repetir el test tantas veces como quieras, en diferentes momentos de tu trayectoria, para verificar tu progreso.

1. No hablo mucho cuando converso con otras personas; en cambio, escucho atentamente y espero mi turno antes de responder.

| Totalmente en desacuerdo | No estoy de acuerdo | Mas o menos | Estoy de acuerdo | Estoy completamente de acuerdo |

2. Detesto los chismes y no hablo sobre la vida de los demás.

| Totalmente en desacuerdo | No estoy de acuerdo | Mas o menos | Estoy de acuerdo | Estoy completamente de acuerdo |

3. No presumo de mis logros con otras personas, ni creo que soy mejor que los demás por esos logros.

| Totalmente en desacuerdo | No estoy de acuerdo | Mas o menos | Estoy de acuerdo | Estoy completamente de acuerdo |

4. Siempre que tengo un desacuerdo con alguien, trato de imaginar qué hizo que esa persona actuara de cierta manera en lugar de juzgarla.

| Totalmente en desacuerdo | No estoy de acuerdo | Mas o menos | Estoy de acuerdo | Estoy completamente de acuerdo |

5. Sé y acepto que el mundo no es justo, y que no siempre tendré todo lo que quiero.

| Totalmente en desacuerdo | No estoy de acuerdo | Mas o menos | Estoy de acuerdo | Estoy completamente de acuerdo |

6. No guardo rencores. Si alguien me ha hecho mal, oro a Dios para que ilumine su camino y le deseo lo mejor.

○	○	○	○	○
Totalmente en desacuerdo	No estoy de acuerdo	Mas o menos	Estoy de acuerdo	Estoy completamente de acuerdo

7. Cuando estoy en una situación complicada o difícil, siempre sé cómo terminarán las cosas. Confío en mi experiencia e intuición, que nunca falla.

○	○	○	○	○
Totalmente en desacuerdo	No estoy de acuerdo	Mas o menos	Estoy de acuerdo	Estoy completamente de acuerdo

8. No juzgo a las personas, porque sé que solo Dios sabe lo que pasa en cada mente y corazón. Al final, las apariencias engañan y, de hecho, nunca conocemos cómo es la vida de una persona.

○	○	○	○	○
Totalmente en desacuerdo	No estoy de acuerdo	Mas o menos	Estoy de acuerdo	Estoy completamente de acuerdo

9. Siempre pongo límites y digo "no" a demandas que no me engrandecen ni me ponen en el camino del Señor.

○	○	○	○	○
Totalmente en desacuerdo	No estoy de acuerdo	Mas o menos	Estoy de acuerdo	Estoy completamente de acuerdo

10. No me quejo de mi vida con quien no tiene nada positivo que aportar. Reservo mis dolores exclusivamente para quien pueda acogerme y ayudarme.

○	○	○	○	○
Totalmente en desacuerdo	No estoy de acuerdo	Mas o menos	Estoy de acuerdo	Estoy completamente de acuerdo

11. Nunca tomo partido en un conflicto sin conocer la versión de todas las personas involucradas. Toda historia tiene al menos dos lados.

Totalmente en desacuerdo	No estoy de acuerdo	Mas o menos	Estoy de acuerdo	Estoy completamente de acuerdo
◯	◯	◯	◯	◯

12. Sé con absoluta certeza que la vida está hecha de altibajos. Cuando estoy en una fase mala, sé que pasará; y en una fase buena, sé que es necesario estar alerta ante tormentas.

Totalmente en desacuerdo	No estoy de acuerdo	Mas o menos	Estoy de acuerdo	Estoy completamente de acuerdo
◯	◯	◯	◯	◯

13. Siempre administro bien la información que recibo, sabiendo con quién compartirla y qué hacer con ella. El conocimiento es un poder que nunca desperdicio.

Totalmente en desacuerdo	No estoy de acuerdo	Mas o menos	Estoy de acuerdo	Estoy completamente de acuerdo
◯	◯	◯	◯	◯

RESULTADO

NIVEL ALTO DE MADUREZ

Si marcaste de 7 a 13 círculos "muy de acuerdo" o "de acuerdo", ¡felicidades! Aunque no conocieras el principio de madurez, estás en el camino correcto: sabes manejar las situaciones que la vida presenta con paciencia, humildad y sabiduría. ¡Sigue practicando el principio de madurez hasta dominarlo completamente!

NIVEL MEDIO DE MADUREZ

Si la mitad o más de tus respuestas fueron "más o menos", aún tienes un largo camino por recorrer. Por un lado, entiendes la importancia del principio, pero te falta perseverancia para poder ponerlo en acción en todas las ocasiones. Recuerda: los principios milenarios son universales e innegociables. ¡Deben practicarse siempre, sin excepciones!

NIVEL BAJO DE MADUREZ

Si la mayor parte de tus respuestas fue "en desacuerdo" o "totalmente en desacuerdo", todavía tienes mucho que aprender. Pero no te desanimes: ya sea por la edad, traumas, sentimientos negativos o falta de experiencia, puedes estar tropezando con obstáculos que impiden tu madurez. Ahora que conoces el principio de madurez, busca practicarlo todos los días, en todas las ocasiones, y usa tu fe cuando el espíritu flaquee.

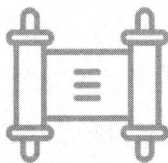

LA VIDA ES UN JUEGO A LARGO PLAZO, Y LA VERDAD TE MANTIENE DE PIE. QUIEN NO ES AUTÉNTICO, TIENE FECHA DE CADUCIDAD.

2

EL PRINCIPIO DE LA VERDAD: LA LEY ESPIRITUAL QUE TE DA DURABILIDAD

Por lo tanto, dejando la mentira, hable cada uno a su prójimo con la
verdad, porque todos somos miembros de un mismo cuerpo.
Efesios 4:25

Cuando Jesús estuvo en esta tierra, lo que más repudió fue la hipocresía. Hombres que decían una cosa, pero cuyo corazón decía otra. Líderes que ponían cargas sobre los demás que ellos mismos jamás podrían llevar.

Jesús deja claro: solo eres auténtico (y no un personaje) cuando tus palabras y acciones están alineadas con tu mente y corazón. Y más, tu corazón necesita estar firme en la verdad que son las Escrituras: *¡Hipócritas! Tenía razón Isaías cuando profetizó de ustedes: "Este pueblo me honra con los labios, pero su corazón está lejos de mí".* (Mateo 15:7-8).

La verdad no es lo que crees que es, sino lo que está escrito en la Sabiduría Milenaria.

Hace dos mil años que la historia de la resurrección de Cristo no solo perdura, sino que crece; hace milenios que lo que está escrito no ha sido desmentido. ¿Y por qué? Porque solo la ley espiritual de la verdad trae durabilidad.

¿Has visto la cantidad de comentarios odiosos en un post de chismes que anuncia la separación de una pareja o el error de alguien? Son miles de personas escribiendo sus ataques públicamente: "Yo ya lo sabía", "Así son los hombres", "Siempre sospeché de ella", "Ojalá se quemen en el infierno", y así sucesivamente.

Al pasar por una situación similar, Jesús actuó de manera diferente.

Una mujer que fue sorprendida en adulterio estaba siendo oprimida por la multitud, que se preparaba para apedrearla. Al ver la escena, Jesús tomó la palabra: "El que esté libre de pecado, que tire la primera piedra". Y, dejando caer lo que llevaban en las manos, todos se retiraron. Es decir, queremos condenar a los demás, pero a veces hacemos igual o peor.

Hipocresía. Mentira. Disfraz.

La Sabiduría Milenaria nos orienta a vivir la Verdad, de verdad. Pues, como decía mi abuela: "La mentira tiene patas cortas". Quien vive de mentira nunca construye nada duradero.

La mentira trae beneficio en el presente y muerte en el futuro. Como todo pecado, la ventaja es inmediata (placeres carnales, por ejemplo), pero las consecuencias son duras.

Percibe que todos hemos mentido en algún momento de la vida, pero eso no nos convierte necesariamente en mentirosos. Mucha gente ha disimulado u omitido información sobre sí misma para adaptarse a un ambiente, pero eso no convierte su vida entera en una farsa. Estoy hablando de la práctica constante, que es lo que define quiénes somos.

No eres caritativo porque ayudaste a un pobre una vez. Pero tampoco eres malo porque heriste a alguien una vez. La rutina es lo que nos define. Entonces, a partir de esta lectura debes estar atento a tu ritual diario que será capaz de crear el futuro que deseas. ¡No dejes nada al azar!

> SOMOS AQUELLO QUE HACEMOS SIEMPRE,
> NO LO QUE HICIMOS UNA VEZ.

SOBRE MENTIRNOS UNOS A OTROS

Cuando escribió a la iglesia de Éfeso, el apóstol Pablo acertó plenamente cuando dijo: *Por lo tanto, dejando la mentira, hable cada uno a su prójimo con la verdad, porque todos somos miembros de un mismo cuerpo* (Efesios 4:25). Imagina lo que sucedería si un miembro de tu cuerpo comenzara a mentir a otro. ¡Con certeza, el caos se instalaría! Si tu estómago, al recibir la comida ingerida, engañara al intestino enviando el alimento directamente a él, ¿sabes la tragedia que podría ocurrir? El Dr. Evandro Resque Jr. habla sobre esta posibilidad:

> "Sin el paso por el estómago, la digestión se procesará en el intestino delgado, pero sin la acción del ácido clorhídrico, entonces los alimentos no llegarán en condiciones de ser bien absorbidos en el yeyuno y el íleon (partes del intestino delgado). [...] Nutrientes importantes como la vitamina B no serán bien absorbidos por el organismo".[3]

Nuestro organismo es perfecto en la manera en que sus partes se integran. El mal funcionamiento de un órgano genera problemas para la salud general y desregula todo un sistema diseñado para actuar en sintonía. ¡Entras en pánico!

---

3. TERRA. "É possível viver sem estômago?". Disponible en: https://www.terra.com.br/noticias/educacao/voce-sabia/e-possivel-viver-sem-estomago,a008c087e60ea310VgnCLD200000bbcceb0aRCRD.html. Acceso el 1 de noviembre de 2023.

Otro ejemplo es un ataque de pánico, que no es más que la consecuencia de que tu cerebro mienta a tu cuerpo:

"La región central del cerebro es responsable de controlar las emociones y liberar adrenalina, una hormona que hace que el cuerpo se prepare para huir o luchar ante el peligro. En el trastorno de pánico, esta "alarma" cerebral se activa sin que exista ningún peligro real, provocando una sensación de miedo y malestar intenso".[4]

Aunque la mayoría de las mentiras contadas por los órganos son causadas por enfermedades, cada vez que cualquier parte del cuerpo comienza a mentir, el organismo entero se descontrola.

De la misma manera, la sociedad es un cuerpo y cada persona es un órgano. Como cuerpo social, estamos enfermos, pues la mentira impera en medio de la gente. En este mundo de iguales, se convierte en especial quien actúa diferente. En una sociedad donde mentir dejó de ser feo, quien vive en la verdad sorprende.

La realidad es que quien cumple principios se convierte en una rareza.

> CUANTO MÁS RARO ES UN MINERAL O UNA PIEDRA PRECIOSA, MÁS VALIOSO SE VUELVE. CUANTO MÁS RARO SEAS, MAYOR SERÁ TU VALOR.

Mentir es mucho más fácil que decir la verdad. La verdad duele en el momento, pero la mentira duele para siempre.

---

4. BIBLIOTECA VIRTUAL EM SAÚDE. "Transtorno do pânico". Disponible en: https://bvsms.saude.gov.br/transtorno-do-panico/#:~:text=Causas%3A,mais%20suscet%C3%ADveis%20de%20desenvolver%20TP. Acesso el 1 de noviembre de 2023.

Desde niño me aferré a las mentiras, exageraciones y medias verdades. Esto me perjudicó tanto cuando era joven, que hoy la verdad es mi valor principal e innegociable. Aprendí a golpes de la vida. Recuerdo que en séptimo grado les decía a mis amigos de clase que vivía en un gran apartamento en Barra da Tijuca, en Río de Janeiro, y que mi padre me había regalado una bicicleta Caloi del último modelo. Todo inventado. Mentiras. En realidad, vivía en Vila Kosmos, en un barrio marginal frente a la colina del Juramento, y no tenía ninguna bicicleta.

Tenía una necesidad de aceptación por mi complejo de inferioridad. Y la mentira se convirtió en parte de mi defensa. Fui desenmascarado y avergonzado algunas veces, pero no abandoné el hábito. La peor consecuencia fue ser visto como una persona sin credibilidad durante gran parte de mi juventud.

Una de las fábulas de Esopo trata exactamente sobre este tema:

"Un pastorcito que cuidaba de su rebaño cerca de una aldea solía distraerse de vez en cuando gritando:

—¡Miren al lobo! ¡Socorro! ¡Miren al lobo!

Funcionó unas dos o tres veces. Todos los habitantes de la aldea venían corriendo a ayudar al pastorcito y solo encontraban risas ante tanto esfuerzo. Un día apareció un lobo de verdad. El niño gritó desesperado, pero los vecinos pensaron que era solo una broma y ni prestaron atención. El lobo pudo devorar todas las ovejas sin ser molestado.

Moraleja: "Los mentirosos pueden decir la verdad que nadie les creerá".[5]

Las personas que mienten distorsionan la realidad o dicen medias verdades, son todas iguales cuando se trata de practicar el principio de la verdad: ¡no lo hacen! Solo existe la verdad y la mentira. Todo lo que salga un poquito del campo de la verdad ya es mentira.

5. HIGTON, Ash. *Fábulas de Esopo*. Trad. de Heloisa Jahn. São Paulo: Companhia das Letrinhas, 1994.

Bíblicamente, el diablo es el padre de la mentira (Juan 8:44). El problema de la mentira es que proporciona un breve beneficio emocional. Me sentía bien cuando disfrazaba mi realidad y fingía ser alguien que tenía muchas cosas envidiables. Lo importante, sin embargo, es tener la conciencia de que quien miente elige un lado; al fin y al cabo, la mentira es el único pecado con filiación: *Ustedes son de su padre, el diablo, cuyos deseos quieren cumplir. Desde el principio este ha sido un asesino, y no se mantiene en la verdad, porque no hay verdad en él. Cuando miente, expresa su propia naturaleza, porque es un mentiroso. ¡Es el padre de la mentira!* (Juan 8:44). Y Jesús es la verdad: *Yo soy el camino, la verdad y la vida* (Juan 14:6). ¡Quien vive de mentira ya eligió de quién es hijo!

Un alumno del Café con Destino, nuestro programa matutino en YouTube, me escribió recientemente diciendo que está casado desde hace veintitrés años y feliz con su esposa y sus tres hijos. Pero tiene un secreto: un hijo de 10 años fuera del matrimonio. Me escribió preguntando si ocultar el caso extramarital lo convierte en un protector de su hogar o en un mentiroso.

Bueno, la respuesta es simple, ¿no creen?

Pero quien vive en la mentira crea muchos artificios en su mente para intentar justificar sus errores. Hay personas que actúan así por influencia del mundo espiritual maligno, otras por trastornos psíquicos y otras por mal carácter.

Mi padre, que hasta hoy es mi principal consejero, siempre llamaba mi atención: "Tiago, nunca inventes ni exageres nada. Todos daremos cuentas en el Gran Día". En esa época lo veía solo como una postura religiosa de su parte, pero hoy entiendo cómo construyó mi carácter.

Como cristianos, tanto él como yo creemos que habrá un día en que Dios traerá juicio sobre toda obra. Como dijo Jesús: *Pero yo les digo que en el día del juicio todos tendrán que dar cuenta de toda palabra ociosa que hayan pronunciado. Porque por tus palabras se te declarará inocente y por tus palabras se te condenará* (Mateo 12:36-37).

Uno de los problemas de la mentira es que debe ser sostenida para no traer vergüenza inmediata al mentiroso. Por lo tanto, se necesita tener buena memoria e imaginación para que nada se pierda ni sea revelado a lo largo de toda una vida. Es muy agotador vivir un personaje, y eso hace que tu vida sea pesada. Es agotador fingir ser quien no eres. Tus emociones son drenadas, tu vida espiritual se debilita, tu nombre es juzgado y mal hablado.

El Libro de la Sabiduría Milenaria dice: *Vale más la buena fama que las muchas riquezas, y la buena reputación más que la plata y el oro* (Proverbios 22:1). Veamos el caso de un recaudador de impuestos rico, de baja estatura, llamado Zaqueo. Su historia está registrada en Lucas 19:1-10.

Para poder ver a Jesús pasar por la región, subió a un sicómoro. Al llegar allí, el Maestro lo vio y le dijo: "Zaqueo, baja enseguida. Hoy quiero quedarme en tu casa". Esta decisión de Jesús causó alboroto, porque la gente consideraba a ese hombre un pecador. Pero Zaqueo tomó una decisión después de encontrarse con Cristo: "Mira, Señor, voy a dar la mitad de mis bienes a los pobres; y si he estafado a alguien, le devolveré cuatro veces más".

Solo el ser humano que es valioso enfrenta los sacrificios de decir la verdad y ser auténtico. Zaqueo mostró su valor con sus acciones. El respaldo de la verdad es la autoridad y la credibilidad, monedas escasas en esta generación. Debemos tener en mente que somos como los metales y las piedras preciosas.

NO ERES VALORADO POR LA IMPORTANCIA QUE TIENES, SINO POR LO RARO QUE ERES.

Una profesora de educación infantil es mucho más importante en la formación de un niño que un jugador de fútbol. La diferencia es que muchos pueden realizar el trabajo de alfabetización, pero muy pocos tienen la habilidad de hacer goles como Cristiano Ronaldo, Neymar, Messi y otros, y esa rareza los convierte en profesionales caros. Pocas personas están dispuestas a pagar el precio de decir y vivir la verdad, lo que hace que sean altamente valoradas.

Cumplir con el principio de la verdad demuestra que la persona es íntegra y no está dispuesta a lograr lo que desea a cualquier precio y sin importar la honra.

> NO BASTA CON DECIR LA VERDAD, NECESITAMOS SER AUTÉNTICOS.

NECESITAS CAMINAR CON LA VERDAD PARA SER AUTÉNTICO

Jesús dijo: *Yo soy el camino, la verdad y la vida* (Juan 14:6, énfasis mío). Para alcanzar el estatus de ser una persona verdadera, es necesario caminar siguiendo los pasos del Maestro en amor, como él afirma: *Si ustedes me aman, obedecerán mis mandamientos* (Juan 14:15).

Como dije al principio de este capítulo, la verdad no es lo que crees, sino lo que está escrito y perdura hace milenios.

Tener una vida basada en la verdad es fundamental para construir lazos reales con familiares y amigos. A nadie le gusta estar en compañía de quien miente. Poco a poco, conforme las máscaras caen, las mentiras se desmantelan y las personas se distancian en busca de relaciones recíprocas. Quien es sincero, busca sinceridad. Los correctos desean rectitud. Los amorosos esperan amor. La familia y las amistades se construyen con verdad y reciprocidad. Entonces, di la verdad y sé auténtico, porque si eres falso, alguien te desenmascarará.

UNA VIDA MENTIROSA ES UNA VIDA PESADA. SOLO LA VERDAD TE HACE SENTIR LIGERO.

En toda mi vida nunca he visto a un mentiroso en paz, ni he visto a un mentiroso ser próspero de verdad, alcanzando éxito en todas las áreas.

Cuando era más joven y mentía rutinariamente, siempre estaba inquieto. Todos los días, tenía que inventar una excusa para no andar en bicicleta con mis amigos, porque había mentido sobre tener una Caloi. Una pequeña mentira generó una bola de nieve: un día el neumático estaba desinflado; otro día estaba castigado; al día siguiente, mi hermano había salido con mi bicicleta; y otro día, mi padre la había llevado para lubricar la cadena. Todo se convirtió en un gigantesco montón de mentiras hasta llegar al punto de que la bicicleta había sido robada.

Todo lo que es falso tiene fecha de caducidad. Solo la verdad permanece. No pasó mucho tiempo antes de que mis compañeros descubrieran y desacreditaran mi historia.

¿Cómo es tu relación con la verdad y la mentira? ¿Alguna vez has mentido sobre algo y te han desenmascarado?

_____

_____

_____

Me tomó tiempo entender que yo era una de esas personas que prefieren parecer quienes no son para sentirse bien por un tiempo, en lugar de pagar el precio de ser auténticas y sentirse bien para siempre. El tiempo me mostró que en lugar de crear un personaje, tenía que mejorar quien realmente era. Cuando finalmente aprendí a vivir según el principio de la verdad, obtuve uno de sus mayores beneficios, además de la paz: la durabilidad.

La verdad no tiene fecha de caducidad, nadie en ningún momento puede derribarla.

Cuanto más digas la verdad, más lejos llegarás. ¡Te protege!

En el mundo de los exitosos no hay lugar para los mentirosos, porque la mentira impide la prosperidad. Quien es próspero es influyente; entonces, cuanto más auténtico seas, más personas te escucharán.

Tres ventajas irrefutables de la verdad:

+ Da credibilidad pública.

+ Aporta autoridad a todo lo que dices.

+ Atrae a quienes también son auténticos.

En este momento de la lectura puedes preguntarte: "Tiago, es imposible nunca equivocarse. Entonces, ¿nunca alcanzaré mi destino?".

Es cierto que todos cometemos errores, pero un error se comete una vez, y la mentira es una decisión, porque es necesario seguir mintiendo para sostenerla. El secreto no es nunca errar, sino siempre arrepentirse. La mayor liberación que existe para que la mentira sea solo un error, es decir la verdad.

En lugar de construir un personaje (lo cual es arduo), paga el precio de ser auténtico.

¿Alguna vez has pagado el precio de decir la verdad, derribando una mentira anterior? ¿Cómo ocurrió? ¿Cuáles fueron las consecuencias?

_____

_____

_____

Si crees que perderás algo por decir la verdad, no tienes idea del perjuicio que tendrás por mentir. La vida demanda decisiones. Entonces, decide con qué perjuicio quieres cargar: ¿el de la verdad o el de la mentira?

Estoy seguro de que la vergüenza y la falta de credibilidad que generé en mí mismo y que tuve que cargar por las mentiras que conté me costaron mucho más que las verdades que sostengo hoy, independientemente de lo que piensen las personas a mi alrededor. Estoy convencido de que la mentira perpetúa la semilla de la maldad. Cuando no se corta de raíz, la mentira se convierte en un bosque denso que no permite otra salida más que admitir la verdad.

Si cometes este error, esta es tu oportunidad de arrepentirte y cambiar de vida. Pide perdón a quienes has mentido por los errores que has causado, y recibe una segunda oportunidad con la decisión de decir la verdad. Ten en mente que el juego de la vida es un juego a largo plazo. Si piensas a corto plazo, nunca tendrás resultados sólidos. Aseguras tu final cuando eres una persona que dice la verdad.

No quiero decir que en el transcurso de la vida no tendrás que adaptarte a ambientes y personas de vez en cuando, ni me refiero a ser tan sincero y verdadero hasta el punto de ser grosero o inconveniente, sino a tener la verdad como esencia. Las personas crean un nivel de confianza altísimo cuando saben que eres auténtico.

Hay una película que me viene a la mente cuando hablo sobre la esencia de la verdad y la mentira. Se trata de la comedia *Mentiroso, mentiroso* (Tom Shadyac, 1997), protagonizada por Jim Carrey. El actor interpreta al exitoso abogado Fletcher, quien es divorciado y tiene un hijo. Como mentiroso compulsivo, Fletcher inventa excusas y hace promesas imposibles al niño. La exesposa y el hijo ya no le creen. En el trabajo, el abogado es simpático y disimula lo que realmente piensa sobre todos. Un día, triste porque su padre no fue a su cumpleaños, Max, el hijo, desea que su padre no pueda mentir durante un día completo. El deseo se cumple. Entonces, sin poder mentir, Fletcher es sincero y dice lo que realmente piensa el día en que debe defender un caso en el tribunal.

La película, aunque hilarante, muestra la triste realidad de los mentirosos desacreditados. La mentira interfiere en tu propósito y no te permite alcanzar tu pleno potencial. La verdad, por otro lado, te libera hacia el futuro. En esa misma película, incluso sin poder mentir, Fletcher logra ganar el caso más importante de su vida diciendo solo la verdad en los tribunales. ¡Una ilustración clásica de que el bien siempre vence!

La verdad es uno de los pilares que revelan al dios a quien sirves, pues quien vive de mentira nunca conoció a Dios, ya que él es la verdad: *El Señor detesta los labios mentirosos, pero se deleita en los que dicen la verdad* (Proverbios 12:22, NTV). Entonces, debes firmar un contrato de exclusividad con Dios. ¡Quien es exclusivo, solo dice la verdad!

Planta la semilla correcta, la semilla de la verdad, que genera como fruto la paz. Vive con verdad y tendrás respaldo, credibilidad, honra e integridad.

> NADA PROTEGE MÁS TU FUTURO Y BLINDA MÁS TU DESTINO QUE CUMPLIR PRINCIPIOS.

TEORÍA DEL DISFRAZ

Tengo cuatro hijos increíbles: dos niñas, Julia y Jasmim, y dos niños, José y Joaquim. Por experiencia propia sé que cuando los niños cumplen alrededor de 5 años, es común preguntarles qué quieren ser. Sin conocer mucho sobre el mundo, los pequeños suelen ser influenciados por quienes consideran héroes, como los padres, abuelos, deportistas y personas que parecen importantes. En Brasil, creo yo, la mayoría de los niños desea ser *gamer* (antes era futbolista, pero los tiempos han cambiado). Otros sueñan con ser policías, bomberos e incluso superhéroes. Las niñas sueñan con ser maestras y princesas de Disney. Y muchos niños de hoy quieren ser *influencers*, preferentemente de YouTube o TikTok.

Pero con el tiempo las fantasías infantiles dan paso a la realidad del mercado laboral: aprendemos que los profesionales son reconocidos por su estatus, sus ganancias financieras o por la combinación de ambos.

Hay profesiones que otorgan estatus a quienes se dedican a ellas, como es el caso de los pilotos de avión. Conseguir una plaza en el curso no es fácil, y graduarse es aún más difícil. Es un oficio para quienes se esfuerzan mucho. Como la mayoría de las cosas buenas en la vida, esfuerzo y buen ánimo atraen la ayuda divina. Otro elemento es el *glamour*, porque los pilotos viajan por el país y por el mundo semana tras semana. En algunos casos, pasan por dos o más países en solo un día. La cuestión financiera también es un diferencial, porque es una de las profesiones mejor remuneradas de Brasil: en promedio, ganan más de siete salarios mínimos al mes.[6]

Imagina, entonces, cómo era ser piloto de avión en Estados Unidos en la década de 1960. En ese periodo viajar en avión era un

---

6. ROCHA, Guilherme Lucio da. "Quanto ganha um piloto de avião". *Valor Econômico*. São Paulo. 18 abr. 2023. Disponible en: https://valor.globo.com/carreira/noticia/2023/04/18/quanto-ganha-um-piloto-de-aviao.ghtml. Acesso el 20 de abril de 2024.

lujo reservado para la élite y no había tantos cursos de formación como hoy. La vida de Frank Williams, piloto de la Pan American World Airways (la famosa Pan Am), por ejemplo, parecía la de una celebridad de Hollywood: durante sus idas y venidas, hizo amistad con personas muy ricas, despertó sonrisas y corazones enamorados. Al fin y al cabo, a los 20 años, era piloto de una gran compañía aérea. Por usar uniformes que llamaban la atención y conferían autoridad, vivió días de gloria y alegría gracias al estatus de la profesión.

En 1969, a los 21 años, en Francia, cuando era pasajero de un vuelo de Air France, todo se desmoronó. Sin que lo esperara, la policía francesa se acercó a él y le informó su arresto. Se descubrió que el piloto Frank Williams nunca existió de verdad.

Su nombre verdadero era Frank Abagnale Jr., un estafador nacido en Nueva York que usaba identidades falsas para aprovecharse de personas y situaciones. Había inventado al piloto Frank Williams para viajar por el mundo gratis, llegando a falsificar un documento de identificación y un certificado de piloto de la Administración Federal de Aviación. Además, consiguió un uniforme original de piloto de Pan Am en una lavandería haciéndose pasar por un piloto que había perdido el suyo. Era así como "tomaba prestados" aviones de otras compañías.

Pero la verdad salió a la luz. De tanto aplicar estafas en 26 países, se convirtió en un objetivo del FBI. En ese vuelo de Air France, fue reconocido y denunciado por una azafata. Frank Abagnale Jr. ya se había hecho pasar por médico, abogado y profesor, además de cometer fraudes bancarios. Su historia de engaños y disfraces es tan impresionante que inspiró la película *Atrápame si puedes* (2002), dirigida por Steven Spielberg y protagonizada por Leonardo DiCaprio.

La gran lección de su historia es que las máscaras no duran para siempre. Por mejor que sean, caen.

Lo realmente impresionante es que no fue un caso aislado. Hay muchos como Frank Abagnale Jr. en todo el mundo. Muchas de estas personas cometen delitos graves y ponen vidas en riesgo. Otras buscan ser aceptadas y escapar del sentimiento de rechazo. Quienes se disfrazan buscan afirmación de identidad, ventajas personales o esconder quiénes realmente son. Todos desean el éxito, y tal vez hasta reconozcan que es necesario seguir códigos milenarios para lograr paz y prosperidad. Sin embargo, piensan que son excepciones a estos principios y toman atajos. Se disfrazan para aparentar que los siguen. Esta es la teoría del disfraz.

> **LA VERDAD SIEMPRE VENCE. TU VERDADERO YO SIEMPRE SERÁ EXPUESTO.**

En la sociedad contemporánea muchos van enmascarados. Es muy raro encontrar a quienes son completamente auténticos todo el tiempo. Necesitamos usar máscaras sociales para adecuarnos a los lugares en los que estamos, y durante esos momentos nos convertimos en personajes. Es imprescindible disimular sentimientos o nuestra condición de vida en determinadas situaciones. En estos casos las máscaras no son objetos que ponemos en el rostro, pero sí actitudes, gestos y palabras que se transforman en accesorios escénicos. Cualquier ser humano está sujeto a disfrazarse en un momento, pero no toda la vida.

El problema es que hay gente enmascarada todo el tiempo. Como los niños, quieren vivir una fantasía. Probablemente conozcas a un niño que ama a Messi y usa la camiseta del tricampeón mundial todos los días. La madre apenas tiene tiempo de lavar y secar la prenda que él ya la toma del tendedero y la vuelve a vestir. Con las niñas y Elsa, de la película Frozen, no es diferente. Además del vestido, imitan el peinado y cantan *Let it go* cientos de veces seguidas. Tanto uno como otro quieren que incluso los llamen por el nombre del personaje o del atleta. Nosotros cuando ya somos adultos comprendemos y hasta encontramos graciosas estas actitudes, porque son niños. En adultos esto no es tolerable. Se vuelve enfermizo.

Los adultos deben tener sus propias características y virtudes. Deben descubrir su identidad, su esencia, sus habilidades, y construir su propia historia.

Algunos políticos viven reconocidamente como si fueran personajes. Están disfrazados en sus trajes y palabras elocuentes mientras ocultan sus verdaderas intenciones. Esto es aún más evidente en época de elecciones, ¿te has dado cuenta? Para ganar la confianza y el voto del pueblo necesitan cumplir (o fingir que cumplen) el principio del amor: abrazar a los desamparados, escuchar a quien necesita hablar, ayudar a los necesitados, proteger a los más débiles, servir a quienes no tienen esperanza. Quien quiera triunfar en la vida tendrá que seguir principios.

> QUIEN DESEA VIVIR EN PAZ Y CON PROSPERIDAD
> JAMÁS DEBE NEGOCIAR LA VERDAD.

Resumiendo, algunas veces el disfraz parece inevitable. Pero ¿quién puede pasar toda la vida bajo máscaras? ¿Es posible vivir disfrazado y aun así cumplir los principios milenarios? ¿Y esa vida estaría llena de paz y prosperidad? Yo mismo respondo que no. El fingimiento, además de no ayudar, impide que comprendamos y vivamos los preceptos eternos. Hay incompatibilidad en esas acciones.

Reforzaré esto porque es crucial para todo lo que aprenderemos en el transcurso de este libro: no es posible triunfar en la vida sin cumplir los principios milenarios. Es imposible cumplir los principios milenarios si se vive disfrazado.

Muchas personas fingen practicar los preceptos eternos para cosechar los frutos que proporcionan. ¿Quién no quiere paz y prosperidad, no es cierto? Sin embargo, tal como ocurre en el teatro, la representación termina, el público se va, los actores concluyen su actuación y dejan a los personajes de lado. Si observamos el caso de un estafador profesional, de esos capaces de convencer a miles de personas de invertir en un fondo de inversión falso o en criptomonedas inexistentes (los Frank Abagnale Jr. de hoy), comprenderemos mejor la situación.

Los estafadores comienzan a captar a sus inversores utilizando el principio milenario de la generosidad. Presentan una especie de aplicación en la que es posible recibir un retorno financiero muy superior al del mercado convencional. Al ofrecer la posibilidad de un gran lucro en un corto periodo de tiempo, hacen que las personas caigan en la trampa de creer que en breve serán recompensadas. Para hacer más factible lo que venden, reciben a sus víctimas en oficinas elegantes y confortables, además de crear una escena digna de un Oscar para parecer exitosos. Cualquier malhechor para conseguir lo que quiere utiliza el principio milenario de las palabras.

Los estafadores dicen exactamente lo que el otro desea escuchar. Crear fantasías con palabras es un recurso de quienes viven disfrazados. Sin embargo, engañan por un tiempo y luego pierden la credibilidad para siempre. Ninguna mentira es eterna. Ninguna falsedad permanece. Cuando el reloj marca la medianoche, la carroza se convierte en calabaza.

Debemos tener en mente que solo nos mantendremos en la cima de la montaña, con la vista panorámica de las posibilidades existentes para nuestra vida, si somos verdaderos. Vivir disfrazado no es una opción para quien desea cumplir los principios milenarios. Y yo lo descubrí en carne propia.

Permítanme contar la tradicional fábula de la verdad y la mentira, que aprendí del CEO del grupo Primo Rico, Thiago Nigro.

La Verdad y la Mentira salieron a pasear. Entonces, la Mentira le dice a la Verdad: "¡Qué día tan hermoso!". La Verdad, desconfiada, mira al cielo y termina aceptando. El día realmente estaba hermoso. Siguen paseando y se encuentran con un río, la Mentira coloca la mano en el agua y le dice a la Verdad: "¡Vaya, está deliciosa, vamos a entrar y bañarnos!". La Verdad, desconfiada de la Mentira nuevamente, mete las manos en el agua y comprueba que, una vez más, la Mentira tenía razón. El agua estaba increíble para un baño en un hermoso día soleado.

Se quitan la ropa, entran, se sumergen, y, de repente, la Mentira sale del río sin que la Verdad se dé cuenta, toma la ropa de la Verdad que estaba en la orilla y se va por el mundo desde ese día vestida con la ropa de la Verdad.

¿Recuerdan la tentación de Jesús en el desierto, cuando hizo un ayuno de cuarenta días? El diablo (que significa engañador y acusador) confrontó a Jesús disfrazando la verdad. Usó las propias Escrituras en un intento de hacer que Jesús errara, para adelantar los tiempos en la vida de Cristo (lee la historia en Mateo 4). ¿Y la serpiente conversando con Eva en el jardín del Edén (Génesis 3)? Fue lo mismo: una mentira vestida de verdad para inducir al error.

ATRAVESANDO EL VALLE DE LA VERGÜENZA Y EL DESIERTO DE LA HUMILLACIÓN

En el año 2014 tomé una decisión que alteró radicalmente mi destino y mi estado emocional: decidí ser auténtico. Decidí sacar de mi vida todo lo que sirviera como disfraz; opté por no mantener nada que fuera "más o menos" verdadero. Fue una de las mejores decisiones de mi vida.

Al comienzo de mi matrimonio con Jeanine, fingía ser un buen esposo. No tenía el nivel de conciencia ni la madurez espiritual que tengo hoy, y por eso pensaba que disfrazarse en la vida valía la pena.

En mi casa, el lugar que Jeanine y yo deberíamos transformar en un hogar, me enfadaba por cualquier motivo. Jeanine se casó virgen y yo no. Tuvimos dificultades sexuales en los primeros meses. Por no tener sabiduría en esa época, además de ser impaciente y orgulloso, busqué la pornografía. Nuestra vida era una verdadera tragedia, pero públicamente yo lo disimulaba bien. La pornografía es un cáncer silencioso que corroe tu mente de la manera más egoísta e insensible posible. Es un error que te lleva a vivir disfrazado en el área sexual, hasta que busques ayuda y te liberes. Si este es tu caso, debes saber que, aunque es común (según las estadísticas), no es saludable para tu relación ni para tu mente. ¡Busca ayuda!

Con mi llamado ministerial no era diferente. De hecho, estaba peor que mi matrimonio. Fui ordenado al oficio pastoral a los 25 años, pero acepté este llamado por motivaciones dudosas. Sí, tenía el don y había sido convocado por Dios para la ordenación. Estudié teología, tenía facilidad para hablar en público, y tanto mi padre como mi abuelo ya cumplían el ministerio. Conocía de cerca el trabajo a realizar.

Sin embargo, sabía que nada de esto era suficiente para tan noble oficio. Mi intención, en realidad, era ser respetado por las personas de mi barrio. Como no había conseguido ningún prestigio social o económico, vi el ministerio como una oportunidad.

Prácticamente no tomé en cuenta cómo podría ayudar a las personas con la Palabra divina. Iba a la iglesia los domingos, pero solo para ser visto y notado. Participaba en las acciones sociales, pero para aparentar y no por ser caritativo.

Hasta el 2014 anduve disfrazado. Si piensas que mi vida tenía resultados falsos y mi interior era solo confusión, estás en lo cierto: nada funcionaba bien.

Vivía problema tras problema, y ninguno parecía tener solución. Lo peor es que los microresultados me satisfacían y me daban la falsa impresión de estar avanzando.

QUIEN ANDA DISFRAZADO SOLO FINGE TENER RESULTADOS.

Tenía la necesidad de demostrar que había triunfado en la vida, quería estatus. Incluso, para ganar aún más reconocimiento, decidí comprar un coche. En mi cabeza eso me traería más respeto público, recuerda que me crie en un barrio marginal de Río de Janeiro, rodeado por comunidades carentes.

Imagínate que no tenía condiciones de pagar, mucho menos de mantener, el coche que deseaba. Estás en lo correcto. Pero no desistí.

Mi fantasía infantil era que un hombre exitoso habitaba en mí, y no estaba dispuesto a renunciar a ella. Comencé a comprar cosas que no podía pagar. Fraccionaba la compra a nombre de familiares hasta en 80 cuotas. Quería aparentar bienestar. Sin embargo, el Libro de la Sabiduría Milenaria dice: *No permitiré que los engañadores sirvan en mi casa, y los mentirosos no permanecerán en mi presencia* (Salmos 101:7, NTV). Tiempo después, mi hora llegaría.

Así como el piloto Frank Williams, el Tiago Brunet "exitoso" en 2014 nunca había existido. Aunque jamás había perjudicado a terceros, vivía engañándome a mí mismo y a los demás, disfrazado de un personaje que no convencía ni a la audiencia de mi propia casa.

¿Cuántas personas disfrazadas has conocido en la vida? ¿Recuerdas a alguien que pensabas que era de una manera, pero un día se le cayó la máscara?

_____

_____

_____

Como los principios espirituales son la base del éxito humano, quien quiera resultados tendrá que cumplirlos o, como yo hacía antes, disfrazarlos. Esto solo muestra lo poderosos e importantes que son. Como han funcionado durante unos dos mil años, queda evidente lo que se debe hacer para conseguir lo que se desea.

Lo que me intriga es que mentir exige mucho esfuerzo. Es necesario gastar tiempo para crear y, sobre todo, sostener una historia falsa. Se requieren argumentos engañosos. Para validarlos, se inventan viajes que nunca ocurrieron y momentos que jamás se vivieron. Por ejemplo, cuando era niño contaba en la escuela que mi padre era amigo del presidente de la República y que iba a trabajar todos los días en helicóptero. Y no se detiene ahí. Cada día, algo nuevo necesita ser inventado y memorizado muy bien para que la rueda del disfraz no deje de girar. Como mencioné antes, ¡se necesita mucha energía!

¡QUIEN VIVE DE MENTIRAS SIEMPRE
ESTÁ CANSADO!

"¿No sería mejor usar todo ese esfuerzo para ser auténtico, Tiago?", podrías preguntarme. Te respondo con alegría: "¡Por supuesto que sí!". ¿Sabes por qué? Porque solo la verdad conduce a un destino favorable. ¡El resto es solo fantasía! Créelo.

Querido amigo lector, querida amiga lectora, si no hubiera tomado la decisión radical de ser auténtico en el 2014, ¡jamás conocerías al Tiago de hoy! Esa decisión me trajo una vida nueva y me llevó a la verdadera paz y prosperidad. Aprendí que una vida incoherente roba los frutos que tanto soñamos cosechar.

Pero para que las máscaras cayeran, tuve que exponerme. Tuve que confesar a las personas de mi vida quién realmente era. Pasé por el valle de la vergüenza y el desierto de la humillación.

NO EXISTE REDENCIÓN SIN ARREPENTIMIENTO.

Toda mi vida se transformó por completo. Mi matrimonio mejoró y tuvimos cuatro hijos increíbles. Mi ministerio cambió de agua a vino. Mis finanzas realmente se multiplicaron.

Sin embargo, tengo que cosechar lo que sembré en el pasado. Toda semilla plantada genera frutos, incluso las malas. En el año 2021, el Instituto Destiny creció exponencialmente en Brasil. Nuestras clases en línea y presenciales se multiplicaron. Fue en ese año, justo después de la flexibilización de las medidas sanitarias de aislamiento debido a la pandemia de COVID-19, que lanzamos el "Método Destiny", nuestra formación en principios milenarios, y el *Destiny Mind*, nuestra mentoría anual para emprendedores. Además, también promovimos eventos gigantescos en el país, como la Conferencia Destino. La exposición de resultados atrae a personas disfrazadas como la luz atrae a las moscas. Conmigo, lamentablemente, no fue diferente. Ese fue el año en que más me engañaron en mi trayectoria empresarial.

Sonrientes, los disfrazados se acercaban a mí para hablar de Dios y de la familia. Siempre muy solícitos, decían que solo querían ayudarme y servir a mi "llamado". Uno a uno, mostraban sus grandes resultados personales, que eran falsos y yo no lo sabía. Luego, para mantenerme aún más cerca, me halagaban diciendo que yo era muy especial. Aparentemente todos cumplían principios, honraban a quien debían honrar, no hablaban mal de nadie, no eran avaros; al contrario, siempre eran generosos.

¡Fue entonces cuando llegó la factura!

El Libro Eterno dice: *Lo halagaban con la boca y le mentían con la lengua* (Salmos 78:36), ¡y es verdad!

Fui robado por personas que parecían ser excelentes profesionales, temerosos de Dios y cuidadosos con la familia. Me convencieron de poner dinero en inversiones falsas, y la pérdida fue enorme.

Mucha gente sabe disfrazarse demasiado bien. Mi consejo para ti es: no creas en todo lo que ves, porque las apariencias realmente engañan.

> RESULTADOS COMPROBADOS HABLAN MÁS QUE PALABRAS. FRUTOS VERDADEROS DEMUESTRAN MÁS QUE LAS APARIENCIAS.

Vi hace poco una entrevista con un famoso actor estadounidense en la que cuenta cómo, al caminar por una calle en Los Ángeles, se encontró con una mujer acompañada de un niño pequeño. Cuando esa madre lo vio, rápidamente tomó a su hijo en brazos y salió corriendo. Llegó a la conclusión de que ella había actuado de esa manera porque él había interpretado a un depredador infantil en una película.

Mira cómo hay personas que creen en los personajes. Algunas veces esto ocurre porque el actor es tan bueno en su tarea que hace que ficción y realidad se mezclen para el público. Otras veces ocurre porque las propias personas no saben discernir el disfraz de la verdad.

En este bosque no encantado que es la vida, para seguir sobreviviendo la única solución posible es renunciar a las máscaras y a los enmascarados, al maquillaje y a los disfraces teatrales, a todos los artificios que buscan convencer a los demás de quién te gustaría ser.

Si la vida fuera un recorrido por el bosque, fingir ser Indiana Jones no te ayudaría a sobrevivir. Incluso podrías salir bien en la foto, pero acabarías muriendo.

> SER AUTÉNTICO NO DEBERÍA SER
> SOLO UNA ELECCIÓN, SINO EL PUNTO DE PARTIDA
> DE TU JORNADA.

Vamos, entonces, a la solución final: *Y conocerán la verdad, y la verdad los hará libres* (Juan 8:32).

La ley espiritual de la verdad hará tu vida más ligera en la tierra, te dará credibilidad y autoridad. Solo la verdad te blinda y protege.

PRACTICA LA VERDAD

En la vida, todos tenemos terribles secretos. Grandes mentiras que nos contamos a nosotros mismos y a los demás que nos impiden ser auténticos y seguir los principios milenarios.

En este ejercicio quiero que practiques la verdad: piensa en la mayor mentira que llevas contigo y que nunca has contado a nadie. A continuación, quiero que tengas el valor de decirte a ti mismo cuál es esa mentira (tal vez por primera vez) y manifiesta cómo afecta tu vida.

_____

_____

_____

Ahora, imagina qué pasaría si te quitaras la máscara. Si les contaras a las personas a tu alrededor quién eres realmente. ¿Cuál sería el peor resultado posible? ¿Cuál es el precio que tendrías que pagar?

_____

_____

_____

Genial. Una vez libre, quiero que pienses lo siguiente: después del peor escenario, ¿qué vendría después? ¿Cómo te sentirías después de soltar el peso de la mentira? ¿Qué caminos podrían abrirse si vivieras de acuerdo con el principio de la verdad?

_____

_____

_____

¡Listo! Ya conoces tus mayores miedos y lo que tendrías que hacer. Estás preparado para atravesar el valle de la vergüenza y el desierto de la humillación. Recuerda: después de él, encontrarás la felicidad.

_____

_____

_____

LA LENGUA PUEDE TRAER VIDA O MUERTE; LOS QUE HABLAN MUCHO COSECHARÁN LAS CONSECUENCIAS. (NTV)

3

EL PRINCIPIO DE LAS PALABRAS: LA LEY ESPIRITUAL DE LA VIDA Y LA MUERTE

Todos fallamos mucho. Si alguien nunca falla en lo que dice,
es una persona perfecta, capaz también de dominar todo su cuerpo.
Santiago 3:2

La mayor batalla de la historia no fue la Segunda Guerra Mundial. Tampoco fueron los ataques vikingos o las conquistas de Alejandro Magno o Napoleón. La más emblemática de todas ocurrió en el desierto de Judea, en Israel, entre Jesucristo y el propio Satanás. Esa guerra no se libró con espadas, fusiles, cañones o armas nucleares. Solo con palabras. ¡Exactamente! Las palabras son armas de guerra.

En Mateo 4:1-11 leemos:

Luego el Espíritu llevó a Jesús al desierto para ser tentado por
el diablo. Después de ayunar cuarenta días y cuarenta noches,
tuvo hambre. El tentador se acercó y le propuso:

—Si eres el Hijo de Dios, ordena a estas piedras que se convier-
tan en pan.

Jesús respondió:

—Escrito está: "No solo de pan vive el hombre, sino de toda palabra que sale de la boca de Dios".

Luego el diablo lo llevó a la ciudad santa e hizo que se pusiera de pie sobre la parte más alta del Templo y le dijo:

—Si eres el Hijo de Dios, tírate abajo. Pues escrito está:

"Ordenará que sus ángeles te protejan
*   y ellos te sostendrán en sus manos*
*   para que no tropieces con piedra alguna".*

—También está escrito: "No pongas a prueba al Señor tu Dios" —contestó Jesús.

De nuevo el diablo lo llevó a una montaña muy alta. Allí le mostró todos los reinos del mundo y su esplendor. Y le dijo:

—Todo esto te daré si te postras y me adoras.

—¡Vete, Satanás! —dijo Jesús—. Porque escrito está: "Adora al Señor tu Dios y sírvele solamente a él".

Entonces el diablo lo dejó y ángeles acudieron a servirle.

El noventa por ciento de toda la acción de Jesús fueron palabras. Sus enseñanzas, sus confrontaciones y exhortaciones, sus parábolas y, claro, sus curaciones y milagros.

> NEGOCIACIONES QUE CAMBIARON EL RUMBO DE LA HUMANIDAD, DISCURSOS QUE INCITARON GRANDES CONQUISTAS Y EXHORTACIONES QUE ARREGLARON VIDAS... TODO ESTO TIENE EN COMÚN: ¡PALABRAS!

Martin Luther King Jr. se hizo conocido por el discurso en el que exclamó: "¡Tengo un sueño!". El astronauta Neil Armstrong, al pisar la Luna, dijo: "Un pequeño paso para un hombre, un gran salto para la humanidad". El comediante Charles Chaplin afirmó en una de sus películas: "Lo único tan inevitable como la muerte es la vida". Algunos brasileños también acuñaron citas famosas: Dom Pedro I dio el famoso grito del Ipiranga "Independencia o muerte"; Getúlio Vargas dejó una carta de suicidio en la que dijo "Dejo la vida para entrar en la historia".

Las palabras revelan las intenciones. Muestran lo que hay en tu corazón.

De la abundancia del corazón habla la boca.   Mateo 12:34

Cuando dices algo es porque eso ya ha llenado tu mente. Esto también es verdad en relación con los demás: hay que tener cuidado con quien dice lo que no es correcto, pues generalmente dice lo que está impreso en su alma.

Recientemente, tuve que tomar la decisión de sacar a alguien de mi vida. Hace unos tres años, esta persona se esforzó mucho para acercarse a mí. Fue a una cena en la que yo estaba, me abrazó, me dio un beso y dijo que tenía el sueño de conocerme. Se presentó como un empresario de un ramo específico y contó que había vendido cosas muy valiosas.

Insistió tanto que meses después permití que se acercara a mi red de contactos. En ese periodo comenzamos algunos pequeños proyectos juntos. Realmente sabía conectarse y tenía una característica muy peculiar: la extravagancia en actitudes y palabras. Abrazaba y besaba a todos, y decía "te amo" incluso a los árboles en la calle. Parecía ser una persona buena e inofensiva.

Después de un tiempo, noté que cada chisme que llegaba a mis oídos sobre mí, por coincidencia, tenía su presencia en la conversación. Lo llamé para hablar y le expuse la información recibida de diferentes personas. Lo negó, dijo que me amaba y que jamás levantaría alguna calumnia sobre mí. Después de todo, en ese tiempo de amistad estratégica (que explico en el libro "Especialista en personas"), lo ayudé en el periodo más difícil de su vida. Lo aconsejé, lo consolé y, sobre todo, lo respaldé en varias invitaciones profesionales.

Finalmente, dos días después de esa conversación, un amigo me encontró en una fiesta y me mostró un mensaje de texto en el celular. En él, como quien charla, ese mismo hombre hablaba mal de mí. Con pruebas en mano, ya no lo busqué más, solo lo bloqueé en todos los medios de comunicación en línea y lo saqué de mi red de contactos.

No dijo nada grave. Podía ser solo su opinión. Sin embargo, "de la abundancia del corazón habla la boca" (Mateo 12:34). Como reveló lo que pensaba a través de sus palabras (que probablemente no imaginaba que llegarían a mí), decidí no caminar cerca de quien no es auténtico. Fingía amor y compañerismo, pero, como explico en la teoría del disfraz, quien no es auténtico acaba revelándose.

**TU FELICIDAD PUEDE ESTAR EN
LA PUNTA DE TU LENGUA.**

PALABRAS: CONSTRUCTORAS Y DESTRUCTORAS

El libro de Génesis registra que Dios construyó el mundo entero con palabras, no con las manos. Cuando dijo "Haya", con el sentido de "pase a existir", todo lo que hay en el universo fue surgiendo: día y noche; sol, luna y estrellas; tierra y océanos; vegetales, legumbres y frutas; todo tipo de animales.

Las palabras construyen o destruyen grandes cosas. Basta una palabra de mando para activar una bomba atómica capaz de arrasar ciudades enteras. Como siempre me decía mi madre: "¡Tiago, las palabras tienen poder!", y tenía razón.

Sin embargo, no juzgo a quienes aún cometen errores en su uso. Yo mismo estuve en esa situación durante muchos años, ya golpeé mi felicidad con mis palabras. Ya maltraté mi interior con afirmaciones que yo mismo pronuncié. Mi matrimonio fue duramente afectado por declaraciones que salieron de mi boca. Mis negocios tardaron en prosperar porque hablaba sin pensar.

¡Las palabras generan vida o muerte, de eso estoy seguro!

Para disfrutar bien de nuestra existencia terrenal, no tenemos otra opción que aprender a hacer buen uso del sistema de lenguaje. Necesitamos desarrollar esta competencia esencial para las relaciones. Pensar antes de hablar, medir la entonación y observar la fluidez de lo que sale de nuestra boca. Las palabras son como tiros de cañón en el alma cuando se dicen de la forma incorrecta.

Sin embargo, también son curación para el espíritu cuando se dicen en el momento adecuado y con sabiduría. Tu vida puede estar llena de paz y prosperidad o de conflictos y desdicha, dependiendo de cómo uses las palabras.

Las palabras dulces hacen que el día sea agradable y ligero; las palabras malas, en cambio, lo hacen pesado y lento. El buen uso de lo que tenemos que decir, la forma en que elegimos los términos, la entonación e incluso la expresión facial que empleamos cooperan para el efecto de nuestras palabras. No sirve de nada usar vocablos positivos si los soltamos con sarcasmo o ironía, por ejemplo.

No tengo dudas de que las palabras que elegimos ejercen una poderosa influencia sobre nuestro futuro y también sobre cómo nos sentimos. Para que podamos atravesar esta vida terrenal sin sufrir más de lo necesario, debemos ser especialistas en hacer buen uso de las palabras, lo cual es totalmente desarrollable. ¡Depende de ti!

En mi libro *Especialista en personas*,[7] abordé dos pensamientos pertinentes a este capítulo: primero, no debes decir todo lo que piensas. Como enseña el dicho popular: "Hablar es plata, pero callar es oro". Segundo, tus palabras refuerzan lo que quieres expresar. Pueden alimentar una explosión o apagar un incendio.

---

7. Brunet, *Especialista en personas*, p. 62-63.

Varias veces he pasado tiempo pensando en qué usaría una máquina del tiempo si existiera. Llegué a la conclusión de que, sin duda, sería para volver algunas décadas atrás y no decir algunas de las cosas que dije. Las palabras pueden crear problemas duraderos y perjudicar destinos.

Si me ves en internet, miras mi programa diario en YouTube, el Café con Destino, escuchas el BrunetCast, participaste en el Método Destiny, fuiste a la Conferencia Destino o leíste alguno de mis libros, comprendes un poco sobre mi forma de pensar. Lo que no sabes sobre mí, sin embargo, es que hasta hoy cosecho frutos de las palabras infelices que dije.

En una Navidad en familia, hubo una discusión poco antes de la cena. Estaban presentes mis padres, hermanos, cuñadas y sobrinos. En el calor de la emoción, agredí verbalmente a una cuñada. En el momento me sentí frustrado porque ella no parecía entender mi punto. Fui tomado por una furia que alcanzó mi lengua y, antes de que pudiera pensar, lancé palabras como quien lanza puñetazos.

Más tarde, cuando me calmé, me di cuenta del error que había cometido. Pedí perdón a mi cuñada, conversamos y nos entendimos. Sin embargo, hasta hoy hay un malestar en mi familia, incluso después de doce años. Las palabras sin sabor son como piedras lanzadas a una ventana. Puedes pedir perdón, pero los fragmentos ya están esparcidos.

En el 2020, en plena pandemia, en una transmisión en vivo en Instagram con miles de personas viéndome, mis hijos comenzaron a gritar y a desconcentrarme. Nervioso con la situación, pedí disculpas al público, apagué la transmisión y comencé a gritar a los niños que estaban en el segundo piso de la casa: "¿No saben que estoy trabajando? ¡Ya les dije que jugaran en la habitación! ¿Qué afrenta es esta?", grité. El problema es que la transmisión aún estaba en vivo. Pensé que la había apagado, pero no. ¡Qué situación tan embarazosa!

Aunque muchos padres gritan a sus hijos, mi público no esperaba eso de mí. Mis palabras fueron tranquilas, el problema fue el tono de voz. Este pequeño descontrol generó pérdida de seguidores, días de explicaciones y pedidos de disculpas en internet. Además, ese no es el tipo de comunicación que deseo desarrollar con mis hijos. Las palabras correctas dichas en el tono incorrecto pueden destruir toda una construcción.

Es el caso, por ejemplo, de padres y madres que agreden a sus hijos con palabras duras y lanzan frases que jamás deberían decirse como "eres tonto", "nunca lograrás nada en la vida", "no vales nada", "eres igual que Fulano". El resultado es que esas palabras se convierten en heridas en el alma de los hijos, y crecen con la sensación de que son inferiores e incapaces. Además, pueden crecer y replicar el mismo comportamiento de los padres, lo que lleva el mal a la siguiente generación, o nunca conseguir vivir libres de esa "maldición".

Cuanto más alto estés, más cuidado deberás tener con las palabras. La jerarquía emocional determina el peso de las palabras.

En una pelea con Jeanine, hace algunos años, cometí la ignorancia de decirle que quien trabajaba y ganaba dinero era yo y que ella solo se quedaba en el "bienestar" de la casa. Qué mentira. Jeanine siempre ha sido muy trabajadora y construyó todo lo que tenemos junto a mí. Pero en el intento infantil y mundano de disminuirla en una discusión, solté esas palabras repugnantes. ¿Fui perdonado? Sí, porque me arrepentí profundamente y mostré mis frutos de arrepentimiento. Sin embargo, hasta hoy ella recuerda que un día pensé así.

Alerta a los maridos: nosotros dejamos pasar las cosas, las esposas generalmente no; nosotros olvidamos, ellas dicen que olvidan. Por esta razón aconsejo: por favor, cuidado con las palabras.

NO DEJES QUE TUS EMOCIONES SEAN MÁS FUERTES QUE LOS PRINCIPIOS.

Cargo angustias e incomodidades emocionales de las que siempre estoy buscando liberarme. Cuando recuerdo esos eventos del pasado, sé que realmente no vale la pena "hablar por hablar", y que es inútil sacar la ira escupiendo palabras. ¡Cuánto me arrepiento de haber hecho eso!

Seguramente alguna vez en la vida dijiste algo de lo que te arrepientes. A continuación, piensa al menos en cinco de esas situaciones dolorosas. Para aprender a comunicarte mejor, escribe lo que podrías haber dicho de manera más cuidadosa. Dejaré mi ejemplo para facilitar el ejercicio.

Situación	Lo que dije	Lo que me gustaría haber dicho
Live de trabajo	¿No saben que estoy trabajando? ¡Ya les dije que jugaran en la habitación! ¿Qué afrenta es esta?	Chicos, nada de ruido aquí. Papá está trabajando y necesita silencio. Jueguen en otro lugar.

LAS PALABRAS SON CÓDIGOS QUE ABREN O CIERRAN PUERTAS

Hacia el año 1100 a. C., en la época en que el rey Saúl gobernaba Israel, había un hombre próspero y bien casado. Se llamaba Nabal y vivía en la región de la ciudad de Carmelo. Según el estándar de esa sociedad, tenía todo lo que un hombre buscaba: dinero de sobra y una esposa bonita e inteligente. Teóricamente, era un hombre feliz.

Un día, David, que se convertiría en rey de Israel algún tiempo después, necesitó ayuda porque era un fugitivo del rey Saúl. Sin entrar en muchos detalles, Saúl estaba celoso de David: a pesar de joven, ya había demostrado ser valiente en batalla, era celebrado por el pueblo y también era querido entre la propia familia de Saúl.[8]

David estaba en el desierto de Maón, ya había matado al gigante Goliat y ganado guerras al frente del ejército israelita. Así se había hecho famoso en la región y en los reinos vecinos.

Cuando necesitó huir de la ira del líder de la nación, una pequeña parte de los soldados lo siguió, configurando un miniejército. Sabiendo que había un hombre afortunado en los alrededores, David envió a algunos de sus guerreros para pedir un poco de comida a Nabal. Esto se dio debido a que en una situación anterior, el grupo que lo acompañaba ya había actuado con gentileza hacia los empleados del rico hombre.

Para David sería una cortesía, ya que Nabal probablemente ya había oído hablar de él. Como se dice popularmente "estaba todo en casa". También era época de festividad y no sería nada raro hacer tal petición. Sin embargo, el hombre rico, por su parte, pensaba de manera muy diferente y, al responder, fue duro. Eligió las palabras equivocadas y se precipitó al hablar. Se volvió hacia el siervo del futuro rey y dijo:

—¿Y quién es ese tal David? ¿Quién es el hijo de Isaí? Hoy día son muchos los esclavos que se escapan de sus amos. ¿Por qué he de

8. La historia completa está relatada en el libro 1 Samuel, a partir del capítulo 16.

compartir mi pan y mi agua, y la carne que he reservado para mis esquiladores, con gente que ni siquiera sé de dónde viene? (1 Samuel 25:10-11)

En solo un pronunciamiento, Nabal cuestionó a David, mencionó despectivamente a su padre y menospreció a sus soldados. El Libro de la Sabiduría Milenaria, que nosotros conocemos como la Biblia, dice que este hombre era insolente y de mala conducta (1 Samuel 25:3). Esto quedó evidente en este episodio, pues sus palabras enfurecieron a David y su ejército. El hombre que derribó y mató a Goliat decidió acabar con la vida de Nabal, porque este había sido rudo en sus palabras. No debemos olvidar que todo lo que verbalizamos ya estaba anteriormente firmado en nuestro corazón.

En la historia de Israel, existió un hombre que fue diametralmente opuesto a Nabal. El rey Salomón, hijo de David, fue el tercero en gobernar sobre Israel en el periodo monárquico y es considerado el hombre más sabio de todos los tiempos. Durante cierto periodo de su vida, registró sus aprendizajes. Estas verdaderas píldoras de sabiduría se transformaron en el libro de Proverbios, uno de los 66 libros de la Sagrada Biblia. Gran parte de las anotaciones que Salomón escribió versan sobre la lengua, la boca y las palabras, es decir, sobre el acto de hablar. Estos escritos de tres mil años atrás tienen sentido aún hoy: *El que refrena su lengua protege su vida, pero el ligero de labios provoca su ruina* (Proverbios 13:3).

Muy probablemente al leer este pequeño extracto hayas recordado a alguien o alguna situación, ¿verdad? Conmigo no es diferente. Este versículo me trae a la memoria una situación ocurrida hace un tiempo en mi casa.

Era una noche especial, de esas que uno guarda para siempre como un buen recuerdo. Estaba dando una cena y recibiendo a uno de los mayores nombres del emprendimiento en Brasil y América Latina. Tener cerca a personas que logran grandes hazañas en su trayectoria personal y profesional es sinónimo de buena conversación y mucho aprendizaje, cuando estamos dispuestos a escuchar atentamente.

También estaban presentes uno de los mayores inversores de la bolsa de valores y algunos de los grandes minoristas del país. Además, vinieron a honrarme y a hacer *networking* grandes empresarios que conocí a través de nuestra mentoría para emprendedores, el Destiny Mind.

La luna estaba perfecta. El cielo iluminado. El vino elegido con mucho esmero por el chef armonizaba con cada detalle del menú, que había sido cuidadosamente elaborado. El ambiente era agradable. Desde la música hasta las conversaciones, todo iba bien, hasta que algo sucedió. En la alegría y confraternización que compartíamos, uno de los invitados, un famoso *influencer* digital, que se había hecho rico ese año vendiendo productos en línea, comenzó a hablar mal de algunas personas que, claro, no estaban en la cena. Sin ninguna motivación aparente, comenzó a citar nombres y a hacer comentarios negativos. Como si no fuera suficiente, también se burló de algunas personas del mercado y comenzó a preguntar a algunos:

—¿Qué piensas de Fulano? Abusivo, ¿verdad? ¡Se cree mucho!

Luego, se volvía hacia otro y decía:

— ¿Y Mengano? Lleva años presumiendo ser un buen empresario, pero en solo doce meses, ya lo superé en facturación bruta.

No satisfecho con las miradas incrédulas, el famoso *influencer* pasó a atacar a más personas que no estaban presentes. También mencionó reiteradamente, y de manera peyorativa, a muchos conocidos de los invitados. En ese momento nuestra noche, que hasta pocos minutos antes estaba perfecta, terminó. Reyes y nobles no soportan palabras mal colocadas, indirectas maliciosas y calumnias sin fundamento. Declaraciones vacías lanzadas al viento no tienen utilidad para ellos. Cada uno ya tiene sus propios problemas por resolver y ninguno está dispuesto a perder el tiempo con tonterías.

El ambiente se volvió extremadamente pesado. Terminada la cena, todos los demás me buscaron en privado, y con gentileza me pidieron que no invitara al hablador para nuestros próximos preciosos y raros encuentros. En el mundo digital esa persona es un famoso *influencer* y logra grandes resultados. En nuestro mundo particular, sin embargo, se convirtió en una persona *non grata*, considerada inaceptable.

> *El alborotador siembra conflictos; el chisme separa a los mejores amigos.* Proverbios 16:28 (NTV)

Alcanzar ciertos niveles es algo lento y tortuoso. Es necesario tener algo especial que llame la atención y que marque la diferencia en la vida de las personas. Además de desarrollar un trabajo considerado admirable, es necesario encontrar a las personas adecuadas que abrirán las puertas adecuadas. Encontrar lugares especiales requiere mucho trabajo y esfuerzo de cada uno de nosotros. Sin embargo, con solo una palabra, puedes derrumbar todo lo que te llevó mucho tiempo y dedicación construir, créeme.

Te pido confianza porque, lamentablemente, aprendí esta lección recibiendo golpes de la vida, y no quiero que tu viaje terrenal sea tan duro como el mío. Escribo toda mi experiencia para que puedas recorrer un camino mejor y más asertivo. Pasando por dolores, sí, pero evitando sufrimientos innecesarios en tu camino hacia la paz y la prosperidad.

Presta atención a esto: todo lo que ese *influencer* dijo podría incluso ser verdad. Sin embargo, creo que ninguno de los demás invitados estaba interesado en el asunto. Nadie relevante quiere prestar sus oídos a los problemas ajenos, especialmente cuando el "acusado" no está presente para defenderse. Es una cuestión de inteligencia y justicia. Al fin y al cabo, todos saben que quien habla mal de los demás contigo, hablará mal de ti con los demás, ¿se entiende?

En la historia no hay registro de alguien que haya vencido en la vida siendo calumniador, acusador o *hater*. Todos los que adoptaron comportamientos destructivos no figuran en la lista de los héroes de la fe. No es posible maldecir y ser bendecido. Quien siempre dificulta la vida ajena, no disfrutará de verdadera paz y prosperidad.

> **MUCHOS DISFRUTAN DE UNA BUENA CHISMOGRAFÍA, PERO NADIE SOPORTA CONVIVIR CON UN CHISMOSO.**

¿Conoces a alguien que ama la chismografía o eres una de esas personas? ¿Estas conversaciones generan algún punto positivo para tus relaciones y para tu vida en general? ¿Este tipo de conversación añade valor o contenido para el destino que pretendes alcanzar? ¿Alguna persona ha sido perjudicada por algo que dijiste sobre ella cuando no estaba presente?

_____

_____

_____

Creo que la evolución espiritual exige de nosotros silencio en muchos momentos. Estoy seguro, también, de que quien mucho habla, tiene muchas posibilidades de quedarse atrapado en su mismo camino. Hay, inclusive, pruebas milenarias al respecto, como las perlas del rey Salomón:

> *Hablar demasiado conduce al pecado. Sé prudente y mantén la boca cerrada.*   (Proverbios 10:19, NTV)

El que refrena su boca y su lengua se libra de muchas angustias.

(Proverbios 21:23)

El objetivo de este libro es llevarte al siguiente nivel. Si en este momento estás en el nivel de los que no pueden contener la lengua y, por lo tanto, hablan más de lo que deberían, ha llegado la hora de tener sabiduría con las palabras. Todo será diferente si tomas en serio las instrucciones descritas aquí.

CREE Y PRACTICA. ESPERA LOS RESULTADOS.

Pequeñas palabras pueden generar grandes tragedias, ¿sabías? Un hombre sabio de hace miles de años dejó una comparación interesante sobre lo que puede suceder al usar mal nuestra condición de hablantes: *Así también la lengua es un miembro muy pequeño del cuerpo, pero hace alarde de grandes hazañas. ¡Imagínense qué gran bosque se incendia con tan pequeña chispa!* (Santiago 3:5).

¿Te das cuenta de que no solo fuimos ese gran *influencer* y yo quienes enfrentamos dificultades provocadas por el mal uso de las palabras? Creo que nadie está orgulloso de todo lo que ha dicho durante su vida. La lengua es pequeña, pero puede causar grandes daños. Dependiendo de lo que sale de sus bocas, los tratos se deshacen, los matrimonios terminan, las amistades mueren para siempre. La pregunta principal de este capítulo es: ¿Vale la pena? Creo que ya sabes la respuesta. Sin embargo, ¿puedes controlar lo que dices?

Subrayo que no solo se trata de las palabras en sí, sino de todo lo que las rodea: la postura, el tono de la voz, la expresión del rostro, los gestos que acompañan tus palabras. Creo que el secreto es hablar siempre de forma equilibrada, adecuada a la situación y sin intención de herir a las personas con las que te comunicas. No hay ninguna razón que justifique gritar, por ejemplo. Como enseña la Biblia: *Que su conversación sea siempre amena y de buen gusto. Así sabrán cómo responder a cada uno* (Colosenses 4:6).

Recuerdo cuando comencé a conducir. Tenía alrededor de 18 años y mi padre me dio un gran consejo: "Hijo, en la calle no te basta con conducir bien. Será necesario conducir para otros". El significado de esta advertencia es que el conductor debe estar atento a todo lo que sucede a su alrededor. Hay tres espejos para ver bien la parte trasera, dos laterales y los puntos ciegos. Cada coche tiene al menos cuatro puntos ciegos, formados por las columnas situadas en las cuatro esquinas del vehículo. Por muy observador y cuidadoso que sea un conductor, esa pequeña pieza de la carrocería puede obstruir la visión del conductor hasta tal punto que tenga que tomar precauciones dobles.

Esta pequeña sugerencia de mi padre sirve como una gran analogía. No basta con pensar qué palabras vamos a pronunciar, es necesario reflexionar sobre cómo las entenderá el interlocutor, el que nos escucha o lee. Si hablamos con la voz, la entonación es fundamental. Si escribimos, no podemos ser demasiado cuidadosos. A veces el problema ni siquiera está en lo que se dice, sino en la condición emocional de la otra persona para recibir la información.

Aprovecha cada situación para que forme parte de la historia que contarás como testigo presencial. Disfruta el viaje, habla con cautela, pero con sinceridad. Nuestra elección de vocabulario revela de qué lado estamos. Solo hay dos: el bien y el mal. Cuando usamos las palabras con discernimiento, elegimos el bien. La templanza, o moderación, es una cualidad intrínseca de las personas sabias y buenas. Cuando dejamos de filtrar lo que nos viene a la mente, elegimos el mal.

Una actitud negativa solo sirve para romper y destruir relaciones, mientras que una actitud positiva atrae alegría: *Las palabras amables son como la miel: dulces al alma y saludables para el cuerpo* (Proverbios 16:24, NTV). Este texto de Salomón muestra el poder de la transformación positiva en lo que decimos. Cuando podemos expresarnos con palabras amables, revelamos que estamos en evolución espiritual. De lo contrario, seguiremos esclavizados emocionalmente.

Ten en cuenta, sin embargo, que toda la información que te he presentado sobre tener cuidado al expresarte no debe, de ninguna manera, actuar como un incentivo para que tengas miedo de hablar o que tengas que, como dice el refrán, " pisar huevos". Mi recomendación, de hecho, es que seas consciente e intencional con tus palabras para lograr y mantener la paz.

LAS PALABRAS REVELAN MALAS COMPAÑÍAS.

A lo largo de mi vida he identificado cuatro tipos de personas con las que debemos tener mucho cuidado, ya sea en nuestras relaciones o para evitar volvernos como ellos:

1. EL QUE HABLA COMO SUPERIOR

Realmente admiraba a cierta persona que solo conocía a través de internet. Llenó grandes espacios para enseñar a las personas cómo mejorar sus vidas y parecía ser inteligente y espiritual.

Después de mucho tiempo siguiéndola de lejos, tuve la oportunidad de conocerla en persona. ¡Fue una decepción! Sobre todo decía que era la más grande, la mejor, la incomparable. Incluso pensé que esta persona era muy buena, pero ¿la mejor del mundo en todo? ¿Quién podría decir eso de sí mismo? En Proverbios 27:2 (NTV) la Sabiduría Milenial nos enseña: *Que te alabe otro y no tu propia boca; que lo haga un desconocido, no tus propios labios.*

Nuestras palabras pueden arruinar nuestra reputación. ¿Gracioso, verdad? Me gustó hasta que la conocí en persona. Ella no me maltrató, no cometió errores conmigo, solo habló de sí misma como superior todo el tiempo.

Créeme, nadie te verá más grande de lo que realmente eres solo porque tú lo dices. Decir que eres bueno, genial, mejor que los demás, etc. solo ahuyenta a los que son buenos. La humildad debe ser el vestido de nuestras palabras.

2. EL QUE SOLO HABLA DE SÍ MISMO

Las personas que aún no han conquistado la inteligencia emocional y aquellas que tienen problemas de identidad hablan de sí mismas. No es necesario ser un genio para percibir que el egocentrismo y otros desvíos del alma se revelan en nuestras palabras.

Frecuento muchas cenas y encuentros con grandes actores del mercado digital y de la educación. También con personas del mercado financiero, artistas, deportistas e *influencers*. El problema es que las personas que están muy expuestas, pero no han desarrollado la espiritualidad y el equilibrio emocional, solo hablan de sí mismas. ¡Eso es molesto!

¿Quieres facilitar tu vida y evitar enemigos? Habla poco de ti mismo.

3. EL QUE SOLO HABLA DE LOS DEMÁS

Nunca convivas ni te conviertas en esta persona. Quien es tóxico se especializa en manchar el honor del prójimo. Para ellos, el problema siempre está en los demás y es causado por los demás, nunca por ellos.

Es imposible ser equilibrado sin hacer autocrítica, simplemente echando la culpa a los demás. Es imposible ser realmente exitoso y, al mismo tiempo, analizar y criticar el comportamiento, la ropa, la familia o el camino de los otros. Seguramente conoces a alguien así. Ese tipo de persona que aprovecha cualquier brecha en una conversación para preguntar: "¿Viste lo que hizo Fulano? ¡Qué absurdo!"

No seas esa persona y no escuches a personas así.

4. EL QUE NO HABLA DE CÓMO REALMENTE SUCEDIERON LAS COSAS

Tengo un consejo de oro para quien quiere triunfar en la vida: no exageres, no inventes, no disminuyas; habla solo de lo que sucedió.

Primero, porque la mentira no viene de Dios. Segundo, porque tarde o temprano la verdad sale a la luz, y el mentiroso queda expuesto, como vimos en el capítulo 2.

Cuando las personas se dan cuenta de que alguien cuenta "mentiritas", comienzan a dejar de creer en él y, peor aún, evitan estar cerca para no ver su vida y comportamiento afectados o confundidos. Cuando queremos valorar la historia, tendemos a exagerar los hechos. Cuando no queremos honrar a alguien, los minimizamos.

Esta es una estrategia nociva. La verdad siempre será mejor, sea cual sea. En el fondo todos enfrentamos problemas y sabemos que hay dificultades en el día a día. Por lo tanto, es fácil percibir cuando alguien solo quiere presumir o exagerar las palabras para minimizar a los demás.

Quédate con la verdad.

Jim Rohn dice que somos el promedio de las cinco personas con las que más convivimos.[9] En la siguiente tabla, haz una lista de quiénes son esas personas en tu vida. Luego, analiza si se encajan en alguno de los hábitos que acabo de presentar y marca con una "X" cada una de esas características. Al final, pregúntate a ti mismo si quieres mantener una relación tan cercana con ellas o si prefieres alejarte para no convertirte en alguien igual.

Persona	Habla como superior	Habla solo de sí misma	Habla solo de los demás	Habla diferente a lo que pasó

9. Rohn, Jim; Canfield, Jack; Switzer, Janet. *Los principios del éxito*. Río de Janeiro: Sextante, 2007.

LAS PALABRAS SON LLAVES DE ACCESO

Hace poco hablamos de Nabal, ese hombre duro e insensato que con sus palabras provocó la ira de David y sus soldados. Sus palabras traerían destrucción para él y su casa. Después de que los mensajeros contaran a David lo que Nabal había dicho, él y otros cuatrocientos hombres se pusieron en marcha, listos para castigar a ese hombre que era rico en bienes, pero pobre en sabiduría. Nabal ciertamente habría tenido una muerte violenta si no fuera por la acción inteligente de su esposa, Abigail.

Los siervos de la casa escucharon lo que había pasado y le contaron a su señora la acción imprudente de Nabal. Sin siquiera consultar a su marido, ella ordenó que sus siervos llevaran provisiones a David y sus hombres, y partió ella misma hacia ellos. Cuando los encontró, adoptó una postura humilde y dijo:

—*Señor mío, yo tengo la culpa. Deje que esta sierva suya hable; le ruego que me escuche. No haga usted caso de ese malvado de Nabal, pues le hace honor a su nombre, que significa "necio". La necedad lo acompaña por todas partes. Yo, por mi parte, no vi a los mensajeros que usted, mi señor, envió. [...] Así que, cuando el* SEÑOR *haya hecho todo el bien que le ha prometido, y lo haya establecido como gobernante de Israel, no tendrá usted que sufrir la pena y el remordimiento de haberse vengado por sí mismo, ni de haber derramado sangre inocente.* (1 Samuel 25:24-31)

¡Mira cómo Abigail usó sus palabras de forma estratégica! Hizo una rápida lectura de la situación, tomó acciones prácticas y, además, supo comunicarse con humildad ante David, algo que su marido no fue capaz de hacer. Sus palabras no eran vacías, pues llevó consigo regalos para los soldados y utilizó la entonación adecuada al decirlas. Abigail tuvo éxito, pues David respondió: *Vuelve tranquila a tu casa. Como puedes ver, te he hecho caso: te concedo lo que me has pedido.* (1 Samuel 25:35).

Si la historia terminara aquí, ya sería lo suficientemente impresionante, ¿verdad? Pero la verdad es que las palabras de Abigail le dieron acceso a un futuro elevado. Apenas diez días después de este incidente, Nabal murió. Cuando David escuchó la noticia, envió mensajeros a Abigail, solicitando que se convirtiera en su esposa. Así es: ¡por causa de sus palabras, Abigail se casó con el futuro rey! En lugar del insensato Nabal, Abigail se quedó con el noble David.

Lo mismo ocurre con nosotros: nuestras palabras pueden ser llaves de acceso para desbloquear mejores oportunidades.

PALABRAS QUE EDIFICAN

Proverbios 18:21 deja claro: *En la lengua hay poder de vida y muerte; quienes la aman comerán de su fruto.* Lo que dices, por lo tanto, puede generar sonrisas o lágrimas, fiesta o pelea, luz u oscuridad. Así como de una misma fuente no puede brotar agua dulce y salada, no es posible hablar bondades en algunas ocasiones y maldades en otras. Al final, el mal que no se corta de raíz contamina todo lo que está a su alrededor.

Una de las tareas espirituales que más me esfuerzo por practicar, y que sin duda me ayudó a alcanzar lo que vivo hoy, es la de no abrir la boca si la intención no es edificar. Tengo como lema que lo que no construye no merece cemento. Tanto tú como yo sabemos que no soy perfecto, pues soy humano. Por supuesto, como ejemplifiqué anteriormente, en algunos momentos cometí el error de hablar sobre alguien que no estaba presente e incluso chismorrear. Sin embargo, puedo afirmar que fueron circunstancias raras, y de las que me arrepentí profundamente. Lo relevante de estos hechos es que no volví a cometer los mismos errores.

Cuando surja en tu mente una idea que se parece a un chisme o un comentario malicioso, ten en cuenta la siguiente historia, conocida como "Las tres cernidoras de Sócrates":

Un día, un hombre intrigado buscó al gran filósofo Sócrates para compartir una información que juzgaba ser del interés de aquel sabio:

—Maestro, ¡necesito contarte algo sobre un amigo tuyo!

—Antes de que hables, quiero saber si ya filtraste lo que sabes con las tres cernidoras.

—¿Tres cernidoras? No entiendo lo que quieres decir.

—Todo lo que queremos decir debemos tamizarlo tres veces. La primera cernidora es la de la verdad. ¿Estás seguro de que lo que vas a contar es verdad?

—Bueno, lo escuché de otras personas. No sé si es exactamente la verdad.

—La segunda cernidora es la de la bondad. ¿Pasaste por esta cernidora lo que pretendes decir?

Avergonzado, el hombre respondió:

—Confieso que no.

—La tercera es la cernidora de la utilidad. Lo que vas a contar sobre mi amigo, ¿es útil?

—La verdad es que no.

—Entonces —concluyó el filósofo—, si lo que tienes que decir no es verdadero, ni bueno, ni útil, es mejor no decirlo.[10]

Antes de hacer un comentario, pregúntate a ti mismo: "¿Es verdad lo que tengo que contar? ¿Es algo bueno de decir? ¿Tiene alguna utilidad?". Si la respuesta es "no", borra el pensamiento. No uses tu boca para brotar "agua salada", que no puede ser ingerida de forma saludable.

---

10. Adaptado de http://www.filosofia.seed.pr.gov.br/modules/conteudo/conteudo. php?conteudo=1293#:~:text=Verdade%20%2D%20Bondade%20%2D%20 Necessidade%2C%20existentes,%3A%20VERDADE%2C%20BONDADE%20 e%20NECESSIDADE. Acesso el 13 de noviembre de 2023.

QUIEN CONOCE EL PESO DE LAS PALABRAS VALORA EL SILENCIO.

"Pero, Tiago, ¿nunca te enojas con alguien? ¿No sientes ganas de decirle a todo el mundo lo terrible que es esa persona?". Estas preguntas pueden estar pasando por tu cabeza. Como la verdad es uno de los principios que sigo, admito que me enojo, sí. Sin embargo, antes de verbalizar lo que siento, considero que maldecir a la persona no va a cambiarla. Como mi propósito de vida es transformar a las personas a través de nuestros entrenamientos, cursos, predicaciones y libros, tomo otras actitudes.

Si es una persona de mi entorno, venzo mis creencias y bloqueos emocionales. Me pongo en contacto y hablo directamente con quien no estoy de acuerdo. Si no es de mi círculo cercano y no tengo la apertura para una conversación franca, me callo, pues no hay beneficio en hablar de ella a otros.

Una vez un amigo estaba involucrándose en negocios con una persona que me había herido. Entendí que era necesario alertarlo sobre lo ocurrido. Sin embargo, incluso eso es complejo. Si no tienes control emocional para hablar solo del error, terminarás difundiendo historias negativas sobre la persona. Si no presentas un argumento coherente, tu amigo cerrará el negocio con quien te hirió. Además, parecerá que estás desequilibrado o eres un perseguidor, porque hablas mal de los demás, ¿entiendes? Cumplir principios milenarios es un estilo de vida. Guarda esta información. No se hace el bien solo una vez. Debe ser un compromiso diario.

Todos los artistas de gran expresión y los atletas de alto rendimiento tienen algo en común: la constancia. Un pianista no es alguien que tocó el piano una o dos veces en la vida, ni alguien que practica de vez en cuando, solo cuando tiene ganas. Nadie se convierte en un jugador de fútbol por haber hecho un gol una sola vez, y una bailarina solo logra dar piruetas perfectas después de haberse dedicado a eso por años y años. Quien aspira a la excelencia necesita tener un estilo de vida comprometido con ese objetivo.

Es exactamente así con el principio de las palabras: nadie puede ser considerado equilibrado y confiable por actuar correctamente una sola vez. Tomé la decisión de ser luz en la vida de las personas. Por eso necesitaba dominar aún más mi lengua y refinar mis palabras no solo por un día, sino para siempre.

> NADIE MARCA POSITIVAMENTE LA VIDA DE ALGUIEN HABLANDO MAL DE ESA PERSONA.

Los *haters*, personas que atacan a otros en internet, actúan por los motivos más variados y atacan a cualquier tipo de persona. Basta tener relevancia para convertirse en blanco de personas que destilan odio y ataques irracionales en las redes. Ya me ha pasado a mí, más de una vez.

Recibo miles de mensajes en las redes sociales todos los días. Es humanamente imposible leerlos todos. Sin embargo, dedico un tiempo de mi día para leer los mensajes que recibo y responder a las personas que me escriben. Como ya mencioné, no puedo leer todos. Una vez abrí el mensaje que un chico mandó por el directo de Instagram, en el que me mandaba callar y me insultaba con palabras tóxicas. Ese chico consiguió una oportunidad: abrí su mensaje. Ya he ayudado a muchas personas que me escribieron; pero en lugar de un pedido de orientación o de ayuda, había un ataque. Entiendo que perdió una buena oportunidad de conectarse conmigo.

Bien, volvamos a la historia. Me escribió cosas horribles como "basura maldita", "desgraciado" y "ridículo". ¿Es malo ser insultado? Es pésimo. ¿Da rabia? Sí. Pero necesitamos tomar las decisiones correctas y actuar según la Sabiduría Milenaria. Mi respuesta para él fue: "Dios te bendiga. Tus mejores días están por venir. Guarda tu corazón, porque Dios tiene un gran propósito en tu vida". ¿Sabes lo que me respondió? Sí, me respondió. No huyó ante mis palabras suaves. Su respuesta fue: "Perdón".

¿De qué sirve ofender a quien nos insultó? ¿Existe algún premio en demostrar que se tiene razón? Hay dos puntos importantes a tener en cuenta aquí. El primero es que responder nos iguala a quien nos agredió. No serás mejor si "pones los puntos sobre las íes"; te volverás igual a quien erró. El segundo punto es que aunque alguien falle con nosotros, lo ideal es no herirlo de vuelta. Al actuar de manera equivalente a lo que recibimos, cerraremos definitivamente la puerta del corazón de esa persona.

Me gusta mucho la biografía de Nelson Mandela (1918-2013). Resumiéndola, él fue un abogado sudafricano que luchó contra la segregación racial. Por este motivo estuvo preso veintisiete años. Al recuperar la libertad, fue elegido el primer presidente negro de Sudáfrica. Mandela se convirtió en un símbolo de liderazgo en un país dividido: blancos por un lado y negros por otro. Él sabía que para sacar a Sudáfrica de ese mar de odio, tendría que atraer de alguna manera la simpatía de quienes lo veían como enemigo.

Madiba, como era llamado, creía en el poder de las palabras. En el libro *Conversaciones conmigo mismo*, leemos:

"Si queremos educar a las personas y convertirlas a nuestro lado, debemos hacer lo que hicimos con los guardias de la prisión. No se puede hacer siendo agresivo, pues las personas se alejan y reaccionan negativamente, mientras que un enfoque más suave, especialmente cuando se tiene confianza en el argumento, trae resultados mucho mejores que la agresión".[11]

¡Qué lección! Las palabras agresivas alejan y generan reacciones negativas. Las palabras suaves abren camino para la unión. Nuestras

---

11. Mandela, Nelson. *Conversas que tive comigo*. Rio de Janeiro: Rocco, 2010, p. 229.

palabras tienen el poder de cambiar la opinión y la forma de pensar de los demás, así que úsalas con sabiduría. Ten siempre como objetivo mayor alcanzar el bien de todos, no solo el tuyo.

Yo, por ejemplo, realmente creo en la abogacía divina. Puedes preguntarte cómo es posible. Bien, estoy muy enfocado en los resultados. Independientemente de mi fe, siempre he estudiado todo lo que da resultado, lo que conduce al éxito. Afirmo que es "independientemente" porque muchos religiosos creen que por "tener a Dios en el corazón" no necesitan estudiar, trabajar duro o construir relaciones estratégicas.

Todos los principios que practico y enseño aquí son bíblicos, pero no los predico por ser cristiano. Divulgo y defiendo este contenido porque es válido desde hace milenios. Créeme, realmente funcionan. Sin embargo, no basta con conocerlos. Cuando se trata de preceptos, es necesario cumplirlos. Solo de esa manera podrás disfrutar de los beneficios.

LOS PRINCIPIOS MILENARIOS SOLO VALEN SI SE CUMPLEN.

Al considerar la Sabiduría Milenaria, existen solo dos lados. Bíblicamente, solo existen Dios o el Diablo, cielo o infierno, bien o mal. Si preguntamos voluntariamente a nuestro alrededor cuál debe ser el lado elegido, incluso un niño sabrá responder: Dios, cielo y bien.

Sin embargo, soy portador de una noticia difícil de tragar: elegir las palabras no es suficiente. Es necesario tener actitud, actuar. Graba esta afirmación, destácala en el texto: ¡vivir por principios exige acción! No podemos evolucionar espiritualmente solo por lo que decimos, necesitamos realizar. Cuando estos dos puntos están alineados, entramos en el camino de la evolución. Nuestras palabras sumadas a nuestras acciones definen de qué lado estamos.

El rey Salomón nos dejó una gran ayuda al escribir lo que incomoda al Creador: *Hay seis cosas que el Señor aborrece y siete que le son detestables: [...] [aquel] que siembra discordia entre hermanos* (Proverbios 6:16-19, énfasis mío).

Entiende que la forma más común de provocar intrigas y peleas entre personas unidas es el chisme, el famoso "dice que dijo", la calumnia. Memoriza entonces algo aún más importante: Dios odia el chisme. Quien difama a otra persona, difunde información falsa o no confirmada y alimenta discusiones, en realidad, presta su boca al diablo.

Cuando usas tus labios para provocar, eliges la oscuridad. Ese fue el caso de Nabal, cuya historia conté anteriormente. Al responder rudamente a los mensajeros de David, Nabal eligió el lado enemigo del futuro gobernante. Como ya comentamos, el desenlace de la historia sería sangriento si no fuera por Abigail, la sensata esposa de Nabal. Sus palabras salvaron el hogar.

LAS PALABRAS HIEREN, PERO TAMBIÉN CURAN.

LAS PALABRAS SON SEMILLAS

Haz tu elección sobre tu futuro considerando que las palabras son como semillas: una vez lanzadas, generarán frutos. La buena noticia es que la boca es tuya. Entonces, deja de plantar las semillas equivocadas y comienza a sembrar solo las correctas.

Lo que hablamos nos traerá mayor alegría o tristeza. Si deseas conectarte con personas relevantes y ser aceptado en una poderosa red de contactos, elige sabiamente tus palabras. Si quieres transformar enemigos en aliados, usa palabras que transformen e inspiren. Si deseas tener un futuro de paz, recuerda que las palabras son semillas: algunas producen llanto, mientras que otras generan alegría.

Controlas lo que dices; por lo tanto, entiende que la felicidad puede estar en la punta de tu lengua. La decisión es tuya. Las palabras sí importan.

Estoy a favor de la evolución espiritual de todo ser humano y lucho por llevar esto en mis mensajes escritos y hablados. No veo la posibilidad de que alguien sea perfecto en lo que dice sin madurar espiritualmente.

Si la boca habla de lo que está lleno el corazón, debemos saber qué llena nuestro corazón, es decir, lo que consumimos con nuestros ojos y oídos. El propio Jesús nos enseñó esto: *Si tus ojos son buenos, todo tu ser disfrutará de la luz* (Mateo 6:22). Entonces, cuanto más cuides lo que ves y escuchas, más limpio estará tu corazón y mejores serán tus palabras.

Para generar buenos frutos con tus palabras, te aconsejo que releas lo que se discutió en este capítulo cuantas veces sea necesario. Además de estudiar, es necesario practicar. Por eso, a continuación, te doy algunas líneas de acción para que abandones la insensatez de la lengua y comiences a comunicarte de manera sabia, efectiva y estratégica.

1. Grita menos y habla mejor. Aprende a desarrollar tus argumentos.

2. Alinea tus palabras con la intención de tu corazón. Evita palabras sin sentido, lanzadas al viento. Las palabras son códigos, por lo que deben ser certeras e intencionales.

3. Estudia el español, lee libros, dedícate a la interpretación de textos. Esto te ayudará a elegir mejor las palabras.

4. Abre tu boca para bendecir, nunca para maldecir. Usa palabras positivas, después de todo, tu lengua debe ser un agente del bien.

5. ¡Profetiza! Declara palabras bíblicas sobre tus hijos, tus negocios y tus relaciones.

SANACIÓN CON LAS PALABRAS

Como vimos, las palabras pueden herir, pero también curar. Son dichas, pero también escuchadas. Seguramente en tu vida debes haber escuchado palabras que te hirieron profundamente, abriendo heridas que aún no han cicatrizado. Por eso, hoy aprenderemos también cómo las palabras pueden sanar.

Cierra los ojos y piensa en todas las creencias limitantes que surgieron debido a cosas terribles que escuchaste. Tal vez alguien te haya dicho que no eres inteligente, que nunca alcanzarás tus sueños o incluso que jamás serás amado.

Es hora de cambiar esas palabras agresivas por palabras de amor y perdón. Quiero que escribas una carta para ti mismo contradiciendo todo lo que te dijeron. Piensa en lo que dirías si alguien a quien amas te contara que escuchó palabras terribles como esas. ¿Qué le responderías?

_____

_____

_____

_____

_____

_____

_____

_____

_____

_____

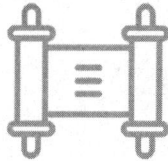

¡QUIEN NO ESCUCHA,

NO PROSPERA!

4

EL PRINCIPIO DE LA ESCUCHA: LA LEY ESPIRITUAL QUE TE DA DESTINO

La fe viene del oír.
Romanos 10:17, NBLA

Desde que tengo uso de razón, he buscado la sabiduría. Esta ha sido una de las grandes búsquedas de mi vida: madurar, pulir mi comportamiento, aprender a hablar y saber tomar decisiones asertivas.

Cuando empecé a dedicarme a este tema, pronto aprendí que lo opuesto de la sabiduría es la insensatez. Básicamente, el insensato (palabra que aparece mucho en el libro de Proverbios) es aquel que no escucha a quien debería escuchar. Aquel que cierra sus oídos a los consejos, a la verdad y hasta a lo obvio.

El hijo necio irrita a su padre y causa amargura a su madre.
(Proverbios 17:25)

Otra versión de la Biblia usa la palabra "insensato". El insensato hace tonterías, no escucha instrucciones, ¡rechaza la represión! Entonces, la clave para que tus oídos se abran y escuchen a las personas correctas se llama sabiduría. Solo hablará para muchos aquel que ha escuchado mucho. ¡Esto es una regla!

Todo aquello a lo que prestamos oído se planta en nuestro corazón, como una semilla en suelo fértil. Y lo que entra en nuestro corazón determina nuestros pensamientos y opiniones.

Cuando empezamos nuestro camino en busca de la sabiduría, oír reiteradamente sobre un tema de acuerdo con una única y sólida forma de pensar es como la lluvia que riega plantaciones, colaborando para que la semilla dé fruto. Por eso, es muy necesario delimitar con cuidado las personas e informaciones que llegan a nosotros.

> **SI HAY PODER EN EL HABLA, ENTONCES, CIERTAMENTE, HAY PODER EN LA ESCUCHA.**

Cuando una empresa pequeña crece y comienza a facturar millones mensualmente, una de las primeras actitudes que toma la dirección es formar un consejo. El consejo de administración es un equipo con poder de aconsejar, dirigir y supervisar los negocios de una organización. El empresario invita a ejecutivos y profesionales experimentados para formarlo. Así, un grupo de especialistas lo guía con consejos adecuados para garantizar el crecimiento deseado.

De la misma forma, cuando es coronado un rey o una reina, también necesitan de buenos consejeros. Un ejemplo fue el líder Josué, el gran conquistador hebreo. Después de la muerte del libertador Moisés (el mayor profeta del judaísmo), Josué lideró al pueblo para conquistar Jericó.

Alejandro Magno fue uno de los más notables guerreros y estrategas de la historia. Era un macedonio de 20 años que cambió el curso de Europa y Asia con su ambición e inteligencia. Mahoma II, el Conquistador, invadió y dominó la gran Constantinopla (actual Estambul), que era la capital del Imperio bizantino en la época. Todos ellos escuchaban la voz de la experiencia para desarrollar sus planes de conquista.

Un presidente electo hace lo mismo: se eligen ministros para ayudar a cuidar de una nación. Personas que lideraron el espíritu humano, como Martin Luther King Jr., también necesitaron de un círculo de consejeros. Tanto los empresarios como los gobernantes necesitan de personas de confianza y llenas de sabiduría a quienes prestarles oído.

ESCUCHAR ES UNA CUALIDAD DE LOS VENCEDORES.

Orgullosos, sabelotodos, ignorantes e hipócritas religiosos generalmente no escuchan a nadie. ¡Los que quieren vencer se esmeran en esto! Pero Alejandro Magno escuchó a nadie menos que Aristóteles, el ilustre filósofo y pensador griego. El Dr. King fue a la India a pasar un mes entero aprendiendo más sobre Mahatma Gandhi. Josué escuchó a Moisés durante toda su vida. Todos ellos seguían este principio milenario.

La Sabiduría Milenaria confirma la importancia de tener personas sabias a quienes consultar:

Sin dirección, la nación fracasa; la victoria se alcanza con muchos consejeros.   (Proverbios 11:14)

Al necio le parece bien lo que emprende, pero el sabio escucha el consejo.   (Proverbios 12:15)

Cuando falta el consejo, fracasan los planes; cuando abunda el consejo, prosperan.   (Proverbios 15:22)

Afirma tus planes con buenos consejos; entabla el combate con buena estrategia.   (Proverbios 20:18)

Todos los que tienen una vida influyente, pero liviana, en esta peregrinación terrenal, escuchan a las personas correctas y se preocupan por qué y a quién van a escuchar. En tu vida, si deseas alcanzar la verdadera sabiduría, no puede ser diferente. Por eso, este capítulo empezará entrenando tu escucha.

Vamos a evaluar tu escucha. ¿Te has preocupado y elegido cuidadosamente a quién escuchar, o tus oídos están abiertos a todo y a todos? ¿Buscas a personas para pedir consejos?

En el test a continuación, marca una X en la respuesta más adecuada a la manera en que actuarías en cada situación. Sé rápido, no pienses demasiado para ser lo más sincero posible.

Luego, cuenta cuántas X has marcado en cada columna, multiplica por el número al final de la columna y suma tus puntos. Así serás capaz de evaluar cuánto necesitas mejorar tu escucha.

Situación	Sí	Más o menos	No
Cuando mis hijos, mi cónyuge o mis padres y hermanos llegan a casa y hablan sobre su día, los escucho con toda atención.			
Suelo abrir mi corazón para mi cónyuge, padre, madre, hermanos, pastor u otro gran consejero.			
Cuando las personas conversan conmigo, no estoy usando el celular ni mirando hacia otro lado.			
Nunca tomo una decisión sin antes conversar con personas de mi confianza.			
Tengo un grupo de amigos y colegas con quienes puedo compartir mis dudas y problemas.			
Siempre escucho con atención la historia de otras personas cuando la comparten conmigo.			
En una conversación, no interrumpo a los demás. Presto atención y espero mi turno para hablar.			

	3 x	2 x	1 x
Sé cómo regalar a las personas más cercanas a mí, porque conozco sus gustos y preferencias.			
A veces, realizo tareas en el trabajo o en casa sin que me lo pidan, porque estoy atento a las necesidades ajenas.			
Siempre considero el consejo de las personas de mi confianza. Nunca descarto completamente lo que me dicen, aunque, al principio, no esté de acuerdo.			
Total de puntos	3 x ____	2 x ____	1 x ____

Por ejemplo, si marcaste 5 veces en la columna "Sí", 2 en la columna "Más o menos" y 3 en la columna "No", tu suma de puntos es:

$3 \times 5 = 15$

$2 \times 2 = 4$

$1 \times 3 = 3$

Total de puntos: $15 + 4 + 3 = 22$

DE 30 A 21 PUNTOS

Incluso sin saberlo, sigues el principio de la escucha. Tienes personas de confianza a tu alrededor, escuchas a quienes te quieren bien y saben más que tú, no rechazas buenos consejos y también te preocupas por prestar atención a los demás. ¡Continúa así!

DE 20 A 10 PUNTOS

Necesitas prestar más atención a tu alrededor y construir una red de consejeros. Si quieres tener éxito y una vida más próspera, escucha más y habla menos. No tengas miedo de buscar el consejo de quienes te quieren bien. De la misma forma, haz tu parte y mantente atento a lo que las personas pueden decirte.

Es muy importante evaluar nuestra capacidad de escucha, porque no siempre escuchamos bien. ¿Quién no ha tomado una decisión basada en algo que escuchó y luego se arrepintió? Creo que todos nosotros hemos hecho eso en algún momento de nuestra vida.

ESCUCHAR MAL ES PEOR QUE NO ESCUCHAR.

Aun con todo el conocimiento y la sabiduría que he adquirido hasta ahora, hace unos tres años caí en una estafa de inversiones en criptomonedas. Esto ocurrió porque escuché que el Bitcoin era la nueva tendencia en el mercado financiero. Pero desafortunadamente, escuché la información a medias. No valía la pena invertir en Bitcoin o cualquier otra moneda digital a menos que fuera a través de una plataforma exclusiva y oficial. Como escuché mal, invertí mal y perdí todo lo que había puesto allí.

El orgullo de pensar que ya era un buen inversionista me hizo cerrar mis oídos a los consejos. Yo era amigo de grandes inversionistas del país y me negué a escucharlos. ¡Incluso teniendo sabiduría para algunas cosas, actué con insensatez!

Si ya has captado la importancia suprema de escuchar, necesitas notar que escuchar correctamente y por completo es fundamental. ¿Entiendes? Pero no termina ahí: a quién escuchas o de dónde obtienes tu información también es fundamental.

EVITANDO TRAGEDIAS

Una vez me buscó una persona que deseaba un consejo. En cierto modo, ella ya había tomado una decisión que yo juzgaba fundamentada en sentimientos pasajeros, pero que contaba con el apoyo de consejeros que parecían pertinentes a la situación. La historia que cuento a continuación es real.

Un empresario e *influencer* brasileño me buscó y preguntó si podíamos reunirnos para una conversación. Agendamos un almuerzo. El inicio de la conversación fue bueno, de contenido ligero. Me contó que estaba feliz con los grandes resultados que venía acumulando tanto financiera como matrimonialmente; parecía que tenía una vida feliz. Sin embargo, esa sensación duró poco; no tardó en entrar en el tema que realmente lo motivó a buscarme: una pelea con su padre.

Ese joven exitoso es hijo de un hombre rico y lleno de logros. El padre construyó un negocio desde cero e incluyó al hijo en la empresa. A pesar de que juntos eran un éxito empresarial en el área en la que operaban, y de tener la misma sangre, hacía tiempo que ya no se llevaban bien. Con el paso del tiempo el desacuerdo familiar aumentó. Y lo que podría haberse resuelto dentro de casa, en el entorno familiar, ahora estaba a punto de convertirse en un caso judicial.

El joven me contó que su padre se negaba a pagar una deuda con un exejecutivo de la empresa que había demandado tanto al padre como al hijo. Además, el padre también se negaba a repartir con el hijo parte de una ganancia, aunque este había ayudado a generar ese resultado con mucho esfuerzo. La suma de las situaciones hizo que este hombre decidiera demandar a su padre, aquel a quien debía la vida, con el fin de pedir una indemnización millonaria.

Nadie toma una decisión como esa de la noche a la mañana. No es algo que sucede porque el hijo se despertó molesto al recibir el primer "no" de su vida. La decisión de ir a la justicia contra el padre tampoco era una idea fermentada solo por pensamientos de su cabeza. Antes de ese almuerzo conmigo, él había conversado con otras personas que lo apoyaban y había construido lo que le parecía la mejor solución para el problema. Entonces, le pregunté:

—¿Quieres demandar a tu padre?

—Él me debe dinero y no quiere pagar —dijo él.

Con esa respuesta, percibí que él, mirando los cientos de miles de dólares, estaba muy dispuesto a iniciar la acción. También entendí rápidamente que al buscarme, él quería otra opinión ya que había conseguido apoyo para la idea del proceso. De lo contrario, simplemente habría contratado un abogado y presentado la demanda judicial.

Lo escuché pacientemente, presté atención a cada detalle de la historia y también a su indignación. Ese joven se sentía despreciado y engañado por su propio padre, verdaderamente estafado. En su mente, no había nada más justo que buscar una indemnización por lo que él consideraba un daño y poner en su bolsillo el valor sobre el cual imaginaba tener derecho.

Fue cuando le hice una pregunta precisa:

—¿Sabes cuál es el primer mandamiento de los diez que Dios dio a los hombres en relación con los demás seres humanos?

Él no lo sabía; así que continué.

—Esta historia está registrada en Éxodo, el segundo libro de la Sabiduría Milenaria. En el v. 12 del capítulo 20 está escrito: *Honra a tu padre y a tu madre.* ¿Crees que al demandar a tu padre cumplirás ese mandamiento?

—Pero él no quiere darme el dinero que es mío por derecho... —replicó.

—No fue eso lo que pregunté —dije yo, para traerlo de vuelta al enfoque—. Este código fue escrito hace milenios y sigue dando resultados positivos hasta hoy.

Entonces, me respondió con un tímido "No". Como él me había buscado con la intención de pedir consejo, fui directo al punto con mucha franqueza:

—La Sabiduría Milenaria es muy precisa en sus palabras. El texto no dice que debemos honrar a nuestros padres solo cuando son amables y justos con nosotros. Dice que debemos honrarlos, nada más, con excepción, claro, de padres abusivos. Ahora, no siendo el caso, esto significa que el honor debe darse a tus padres durante toda tu vida, independientemente del tipo de padre que tengas. ¡Es un principio a seguir!

> **LOS PRINCIPIOS NO DEBEN SER QUEBRADOS SOLO PORQUE CREEMOS QUE NO SON JUSTOS EN EL MOMENTO.**

Mi conversación con el joven empresario duró solo unos minutos más. Ese tiempo fue suficiente para que él, un hombre inteligente, pudiera absorber mi consejo basado en la verdad de Éxodo y cambiar de idea. Sé que el tema de la conversación era una fortuna, pero necesitamos tener en cuenta que cientos de miles de dólares no son nada comparados con los problemas que la ruptura de un principio milenario puede causar. Y ese joven empresario entendió perfectamente la advertencia.

Algunos meses después nos encontramos por casualidad en una reunión. Con una enorme sonrisa en el rostro me agradeció por el consejo que le había dado. La decisión que tomó de honrar a su padre al escuchar lo que dice la Sabiduría Milenaria dio inicio a una nueva fase en su vida. Fue el creador de proyectos que ampliaron su fortuna en los meses siguientes y fue conocido como el fundador de un gran negocio (no como alguien que ganó dinero en la justicia), de esta manera mejoró sustancialmente la relación con su padre.

Tan importante como atender consejos es escucharlos de las personas adecuadas, que tienen como base los principios milenarios inmutables. Ese joven ya había escuchado palabras que confirmaban que su modo de pensar estaba en lo correcto. Sin embargo, de la multitud de consejos, eligió seguir el que contenía principios milenarios y cosechó el resultado de su elección positiva.

ESCUCHAR A LA PERSONA ADECUADA TE GARANTIZA LA DECISIÓN CORRECTA

David fue un pastor de ovejas que se hizo muy famoso después de matar a un gigante filisteo llamado Goliat, que había desafiado al ejército israelita. Ni siquiera los hombres entrenados tuvieron el valor de enfrentarse a Goliat. Sin embargo, David lo derrotó con una piedra lanzada por una honda. Algún tiempo después, según había sido profetizado por Samuel, se convirtió en rey de Israel. Ciertos episodios de la vida de David refuerzan la importancia de escuchar a las personas adecuadas.

David ya había recibido la unción y la promesa divina de que se convertiría en rey de Israel incluso antes de convertirse en un guerrero famoso. Sin embargo, solo después de convertirse en una "celebridad" por haber derrotado al gigante Goliat, David comenzó a ser perseguido por el rey Saúl, que era el gobernante en ese momento. A pesar de ser la mayor autoridad de Israel, Saúl estaba perturbado por la envidia. El rey incluso intentó quitarle la vida a David, quien tuvo que huir para no ser asesinado.

Algún tiempo después, la situación se invirtió y un consejo podría haber cambiado toda la historia de David. Saúl y tres mil de sus mejores soldados acampaban en la región de la colina de Haquila, frente al desierto de Jesimón. David sabía que estaba siendo cazado por el rey, pero aun así tuvo el coraje de ir al campamento enemigo.

El Libro de la Sabiduría Milenaria cuenta que David y su guerrero Abisay entraron de noche en el campamento. Saúl estaba acostado y dormía profundamente, con su lanza clavada en el suelo, cerca de su cabeza. Los soldados reales también dormían profundamente. *No se despertaron, pues el* Señor *los había hecho caer en un sueño profundo* (1 Samuel 26:12).

Imagina la escena: Saúl, que había intentado matar a David, estaba durmiendo frente a él completamente indefenso. Ante esto, Abisay sugirió que aprovecharan la oportunidad y mataran al rey Saúl: *Hoy ha puesto Dios en tus manos a tu enemigo —dijo Abisay a David—. Déjame matarlo. De un solo golpe de lanza lo dejaré clavado en el suelo. ¡Y no tendré que rematarlo!* (1 Samuel 26:8).

> TAN IMPORTANTE COMO ESCUCHAR CONSEJOS ES SABER ESCUCHARLOS EN EL MOMENTO ADECUADO Y DE QUIEN ENTIENDE DEL ASUNTO.

Sin embargo, David no estuvo de acuerdo. El Libro Eterno cuenta que él respondió a su fiel guardián: *¡No lo mates! —exclamó David—. ¿Quién puede impunemente alzar la mano contra el ungido del* Señor? (1 Samuel 26:9). David podría haber escuchado esa sugerencia de matar al rey, que fue prácticamente una súplica, pero prefirió seguir los principios.

Aunque el consejo venga de la persona en la que más confías, si implica romper principios, no debe ser escuchado.

Pasado algún tiempo desde la oportunidad de tomar el reino, David se vio en una situación terrible. Aún era perseguido por Saúl, y él y sus hombres vivían en Siclag. Mientras estaban fuera, su campamento fue atacado por los amalecitas, quienes se llevaron como prisioneros a los hijos, esposas y ancianos de los israelitas.

¡La situación era dramática! En 1 Samuel encontramos que *David se angustió, pues la tropa hablaba de apedrearlo; y es que todos se sentían amargados por la pérdida de sus hijos e hijas* (30:6a). David era el líder, el guía, de esos hombres. Habían salido de casa y dejado a sus familias desprotegidas. Naturalmente, la ira de los soldados se dirigió hacia su líder. Pero en lugar de desesperarse, David buscó el consejo perfecto, pues el versículo termina así: *Pero cobró ánimo y puso su confianza en el* Señor *su Dios* (1 Samuel 30:6b). Es un gran ejemplo a seguir.

Frente a las adversidades, es común que muchas personas pierdan el control y opten por la solución más fácil. Para algunos, esto significa usar la fuerza de su propio brazo. Otros creen que resolverán los desafíos que surgen confiando en la solidez de su cuenta bancaria. Hay quienes recurren al *networking*, basándose en la capacidad de sus amigos influyentes. David, sin embargo, no hizo nada de eso:

Entonces dijo al sacerdote Abiatar, hijo de Ajimélec:

—Tráeme el efod.

Tan pronto como Abiatar se lo trajo, David consultó al Señor:

—¿Debo perseguir a esa banda de saqueadores? ¿Los voy a alcanzar?

—Persíguelos —respondió el Señor*—. Vas a alcanzarlos y rescatarás a los cautivos.* (1 Samuel 30:7-8)

Estos dos episodios de la vida de David tienen un punto en común: ambos apuntan a una acción que provocaría derramamiento de sangre. David tomó decisiones diferentes en cada uno de los casos. En el campamento de Saúl, en el desierto de Jesimón, David rechazó el consejo de Abisay, un guerrero de su entera confianza. Consciente del error que sería tomar el trono por la fuerza, no permitió que se derramara la sangre de Saúl. Sin embargo, ante la tragedia que afectó a todo su ejército en Siclag, el mismo David aceptó la decisión de ir a la batalla.

La historia muestra que David acertó en ambas ocasiones. Cerró los oídos al consejo que violaba principios, pero siguió la dirección dada por Aquel que sabe todas las cosas. Debemos, entonces, entender que: "El secreto no está en la persona que da el consejo, sino en discernir si el consejo cumple o viola algún principio".

Debes estar alerta a lo que llega a tus oídos. Si no sabes usar el filtro de los principios, ciertamente caerás en un problema aún mayor.

Recuerdo una ocasión en la que estaba haciendo una carrera ligera por el condominio donde vivo, y un chico que paseaba en bicicleta chocó contra mí. Yo estaba distraído escuchando música con los auriculares mientras corría. Había visto la bicicleta venir, pero no pensé que chocaría. Cuando chocamos, el ciclista dijo: "Toqué el timbre". Sí, es cierto que avisó. Sin embargo, como tenía los auriculares puestos, no escuché.

Con esta experiencia aprendí que, a pesar de ver la situación, aún estamos sujetos a sufrir un accidente. En esa ocasión, ver no fue suficiente, ya que hay señales que captamos solo por la audición. Ciertamente, si no hubiera tenido los auriculares, habría sido alertado por el timbre de la bicicleta y habría evitado el choque.

> **EXISTEN ALERTAS QUE SOLO PUEDEN SER CAPTADAS POR TUS OÍDOS.**

Al comprender la importancia de las alertas que solo recibimos al escuchar, retomo aquí la historia de David. No pasó mucho tiempo para que Saúl muriera y el guerrero asumiera el trono de todo Israel. David era diligente en buscar a Dios y en seguir los principios milenarios, tanto que fue reconocido como un hombre según el corazón de Dios (1 Samuel 13:14).

Imagino en este momento que algunas personas cuestionarán: "Tiago, David está en las Escrituras Sagradas, él era diferente de mí y de ti". Tengo que ser franco contigo: es, pero no es. Explico.

David fue el hombre elegido por Dios para reinar sobre el pueblo de Israel, pero no dejó de ser humano y cometer errores. A pesar de haber sido muy celoso de los principios gran parte de su vida, hubo una ocasión en especial en la que cometió el error de infringir uno de los mandamientos, y solo cayó en cuenta porque fue alertado al escuchar.

Cierta tarde, mientras el ejército estaba en guerra, el rey permaneció en Jerusalén y decidió pasear por la terraza. Mientras estaba allí, vio a una mujer muy hermosa bañándose. Aun sabiendo que ella estaba casada con uno de sus soldados, David mandó que la llevaran hasta él y se acostó con ella. Como si no bastara con codiciar y tomar a la mujer del prójimo, cuando supo que la había embarazado, el rey se sintió acorralado y cometió un asesinato indirecto. Ordenó colocar al soldado en la línea de frente de la batalla, para que fuera muerto en combate. Así, David pudo casarse con la esposa del guerrero.[12]

Luego ocurrió la siguiente escena:

El Señor envió a Natán para que hablara con David. Cuando se presentó ante David, dijo:

—Dos hombres vivían en un pueblo. El uno era rico y el otro, pobre. El rico tenía muchísimas ovejas y vacas; en cambio, el pobre no tenía más que una sola ovejita que él mismo había comprado y criado. La ovejita creció con él y con sus hijos: comía de su plato, bebía de su vaso y dormía en su regazo. Era para ese hombre como su propia hija. Pero sucedió que un viajero llegó de visita a casa del hombre rico y, como este no quería matar ninguna de sus propias ovejas o vacas para darle de comer al huésped, le quitó al hombre pobre su única ovejita.

Tan grande fue el enojo de David contra aquel hombre, que respondió a Natán:

---

12. La historia completa está registrada en 2 Samuel 11.

—*¡Tan cierto como que el* Señor *vive, quien hizo esto merece la muerte! ¿Cómo pudo hacer algo tan ruin? ¡Ahora pagará cuatro veces el valor de la oveja!*

Entonces Natán dijo a David:

—*¡Tú eres ese hombre! Así dice el* Señor, *Dios de Israel: "Yo te ungí como rey sobre Israel y te libré de la mano de Saúl. Te di el palacio de tu amo y puse sus mujeres en tus brazos. También te permití gobernar a Israel y a Judá. Y por si esto hubiera sido poco, te habría dado mucho más. ¿Por qué, entonces, despreciaste la palabra del* Señor *haciendo lo que le desagrada? ¡Asesinaste a Urías el hitita para apoderarte de su esposa! ¡Lo mataste con la espada de los amonitas!*   (2 Samuel 12:1-9)

Cuando escuchó a Natán, el hombre según el corazón de Dios se dio cuenta del terrible error que había cometido y que había infringido dos mandamientos.

David se arrepintió y lloró amargamente por los pecados que cometió, pero no se libró de las consecuencias de ellos. La mujer con quien cometió adulterio perdió al bebé (2 Samuel 12:18). Más tarde, hubo gran tribulación entre sus hijos.[13] Infringir esos dos mandamientos le costó caro al rey.

Escuchar es esencial para tener sabiduría, para recuperar la percepción perdida de la realidad y también para el desarrollo de la fe: *Así que la fe viene como resultado de oír el mensaje* (Romanos 10:17). No viene por lo que ves, sino por lo que escuchas. Por lo tanto, uno de los principales elementos para tener una vida de paz y prosperidad aquí en la tierra es la fe, que entra por los oídos.

---

13. La Biblia narra varios de los problemas familiares de David. Amnón obligó a su hermana a dormir con él, cometiendo incesto (2 Samuel 13:12); Absalón, para vengar a su hermana, hizo matar a Amnón (2 Samuel 13:28). Absalón también encabezó una revuelta contra su padre para tomar el trono y se acostó con las concubinas de su padre (2 Samuel 16). Absalón terminó siendo asesinado contra la voluntad de David (2 Samuel 18).

TUS OÍDOS DEBEN ESTAR MÁS ABIERTOS QUE TU BOCA.

Así, nuestros oídos son un canal espiritual; yo los considero la boca de nuestra alma, es decir, la puerta de entrada de los alimentos emocionales y sentimentales. ¿Puedes notar la gran importancia de esto?

A QUIÉN DEBES ESCUCHAR

A lo largo de mi vida, hay cierta clase de personas a quienes he escuchado y que siempre me han dado buenos consejos. Claro está que para ello es necesario entender si quieren tu bien, lo cual, lamentablemente, no es el caso de todos. Sin embargo, por regla general, si sientes que amas y eres amado de vuelta, te aconsejo que siempre escuches a

1. tus padres;

2. tu cónyuge;

3. un guía espiritual;

4. alguien con riqueza financiera establecida;

5. personas mayores y con experiencia.

Voy a explicarte por qué.

Tus padres tienen (o deberían tener) amor y cuidado por ti. Por instinto, son buenos consejeros.

Tu cónyuge te conoce más que tú mismo, y te dice lo que nadie más te diría.

Un guía espiritual ve cosas que tú no ves y percibe un mundo que tal vez aún no dominas. Suelen tener sensibilidad hacia el futuro.

Una persona con riqueza financiera entiende el mundo de otra manera, ya ha experimentado mucho de la vida y generalmente ya sabe lo que va a funcionar o no cuando se trata de proyectos.

Escuchar es esencial para caminar por la selva de nuestra vida.

Saber a quién escuchar define nuestra alegría o tristeza, nuestra paz o perturbación, nuestra riqueza o escasez. ¿Qué sería de mí si no hubiera escuchado a mi padre toda la vida? ¿Dónde estaría si no hubiera prestado atención a mi madre y a mi esposa?

Si estoy escribiendo este libro hoy es porque escuché a las personas correctas (aunque, por supuesto, también he escuchado a algunas equivocadas). Por eso te digo: muchos de nuestros resultados en la vida provienen del conjunto de personas a quienes prestamos atención.

Puedes decirme: "Tiago, no me gusta escuchar a la gente, porque en el pasado lo hice y no funcionó". No sirve de nada transferir la culpa después de cometer un error. Después de que ocurra lo peor, decir que actuaste "así" porque Fulano lo dijo o porque Mengano lo sugirió, no cambia la situación. Cada uno es dueño de su propio oído y responsable de su propio destino.

ESCUCHAS A LAS PERSONAS, PERO QUIEN DECIDE TU DESTINO ERES TÚ.

Fui a Israel casi cincuenta veces en los últimos veinte años. Estudié el judaísmo de cerca y me acerqué a grandes rabinos. Si le preguntas a un estudioso judío cuál es la instrucción divina más importante para su pueblo, responderá: "¡El *Shemá*!".

Shemá significa "escuchar". Y la oración judía más famosa es esta: "*Shemá Israel Adonai Eloheinu Adonai Ehad*", que significa "Escucha Israel, el Señor Dios es el único Dios".

Mi consejo como maestro de vida es: de todos a quienes debes escuchar, escucha a aquel que ya ha visto tu futuro, aquel que escribió tus días. Esto se hace a través de la práctica llamada oración.

Independientemente de la creencia o religión, orar es un diálogo con lo divino. Lo veo como una terapia completa y gratuita con quien nunca divulgará tus secretos más profundos. Y lo mejor: cuando hablas, él encuentra una forma de responderte. Y entonces, tu parte es estar sensible para escuchar, entender y luego obedecer.

Si queréis y escucháis, comeréis de lo mejor de la tierra.

Isaías 1:19 (RVR95)

¿Quieres vivir lo mejor que esta tierra puede ofrecerte? Entonces escucha, cree sin dudar y haz lo que necesita ser hecho. En resumen, no basta con escuchar si no quieres obedecer.

Lo que me ha traído hasta aquí fue escuchar a las personas correctas, y sobre todo obedecer las instrucciones que me dieron. Yo escuché, creí y puse en práctica. Y cuando se trata de Dios, cuando Él habla, escucho y obedezco inmediatamente.

Los mayores movimientos de mi existencia, que generaron cambios extraordinarios y me llevaron a otro nivel son el resultado de escuchar la voz divina y obedecer con prontitud.

Mi mudanza a los Estados Unidos en el 2018, la venta de parte de mi empresa en el 2021, la construcción de nuestra central de estudios, la Tierra Prometida. Todo esto fue el resultado de Dios orientándome a través de la Sabiduría Milenaria (Biblia), sueños, profetas, visiones y consejos de guías espirituales.

Escuché y obedecí. ¡Por eso estoy aquí!

Quien escucha prospera, y eso es definitivo.

ESCUCHANDO A DIOS

La mejor forma de aprender a escuchar a Dios es estudiando el libro que Él nos dejó. Con este ejercicio, vamos a practicar esta habilidad. La próxima vez que tengas dudas sobre cómo actuar, toma tu Biblia, un papel y un lápiz. Busca y anota versículos e historias bíblicas que apoyen la decisión que deseas tomar. También puedes pedir ayuda a un líder espiritual.

¿El camino que deseas seguir tiene respaldo bíblico? ¡Si es así, sigue adelante!

Si no encuentras respaldo, busca en la misma Biblia cuál sería el camino correcto a seguir. Una vez que encuentres la respuesta, ¡es hora de obedecer!

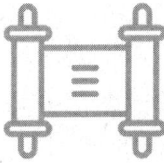

LA PAZ TRAE

RECOMPENSAS.

SIEMPRE LAS TRAERÁ.

5

EL PRINCIPIO DE LA PAZ: LA LEY ESPIRITUAL QUE ES UN REGALO

Hagan todo lo posible por vivir en paz con todos.
Romanos 12:18 (NTV)

"*¡Qué perturbación!*". ¿Cuántas veces has escuchado esta exclamación? Imagino que sabes que una vida perturbada es lo contrario de lo que dice el principio milenario de la paz. La promesa bíblica es tener la paz que supera todo entendimiento, y no una vida con angustias, miedos y conflictos internos. ¿Sabes qué es la paz "que supera todo entendimiento"? Es aquella que está por encima de nuestra comprensión. El escenario afuera puede ser aterrador, pero la paz dentro de ti equilibra todo. Es como dormir en un barco mientras una tormenta azota la embarcación. Paz y preocupación suelen ser enemigas. Además, la paz está directamente ligada a la prosperidad. El rey Salomón prosperó más que su padre, el famoso rey David, porque *disfrutaba de paz en todas sus fronteras* (1 Reyes 4:24). Después de todo, ¿quién podría emprender o planificar el futuro estando perturbado o afligido? No necesitamos tener la sabiduría de Salomón para saber que sin tranquilidad es imposible alcanzar nuestros objetivos.

¿Has pasado alguna vez toda una noche sin dormir, sintiendo emociones terribles? Yo sí. Seamos honestos: ¿quién de nosotros nunca falló en una tarea rutinaria porque la mente estaba preocupada por una tarea mayor?, ¿o intentó concentrarse en algo importante, pero los pensamientos estaban dominados por algún miedo o preocupación? Si respondiste sí a alguna de estas preguntas, sabes cómo la falta de paz obstaculiza tu presente y también tu futuro. Con la mente inquieta, no solo eres incapaz de resolver el gran problema que oscurece el horizonte de la mañana, sino que también dejas sin solución el pequeño problema de hoy. Un ser humano sin paz es alguien sin la estructura necesaria para lograr cualquier avance.

LA PAZ ES UNA MONEDA NO NEGOCIABLE.

Todos enfrentamos desafíos durante nuestra peregrinación terrenal. Algunas personas que pasaron por nuestra vida literalmente nos traumatizaron. Vivimos momentos que nos ahogaron. Y todo eso roba algo muy precioso para nuestra existencia: la paz. Nuestro camino no es fácil. Tan pronto como nacemos, necesitamos respirar por nosotros mismos, luego aprender a alimentarnos, a caminar, hablar, escribir. Con el paso del tiempo, las adversidades cambian, pero nunca dejan de existir. En la vida adulta se espera que una persona ya sepa cuidar de sí misma en todas las dimensiones de la vida: trabajo, estudio, familia, relaciones, emociones y espiritualidad; pero ¿es eso lo que sucede con todos? ¿Todos aprenden a cuidarse y protegerse?

No es fácil conciliar tantas demandas, pues algunas de ellas son muy complejas. Probablemente, dos de las tareas más difíciles de cumplir sean buscar la paz y mantenerla firmemente. La paz no está a la venta en los estantes del mercado, es una conquista diaria. Sin embargo, hay dos maneras de intentar alcanzar la paz que son antagónicas: la del sentido común y la de los principios milenarios. Durante nuestro crecimiento, escuchamos argumentos y frases hechas como "Golpéame y te devuelvo el golpe", "No me llevo los insultos a casa", "Fue él quien empezó", "Puedes calentarte, ¡pero yo estoy hirviendo!". Todas estas frases son ejemplos del sentido común. Este tipo de pensamiento es guiado por suposiciones, por las emociones, por el orgullo herido. Lo que las personas hacen y piensan te lleva a creer que si no reaccionas ni respondes "a la altura", eres tonto, débil y flojo. Se puede comprender, entonces, que el pensamiento del sentido común generalmente busca mantener la reputación. Sin embargo, la reputación ni conduce ni mantiene la paz. Solo los principios nos guían hacia ella.

Tal vez conozcas la historia de mi quiebra financiera. Desde principios de los años 2000 hasta la década del 2010 tuve una empresa de turismo especializada en el segmento religioso. Durante varios años llevé peregrinos de todas las religiones de Brasil a Tierra Santa y también a algunos países de Europa y Oriente Medio. Los viajes fueron increíbles, llenos de conocimiento y fe. Sin embargo, en el 2014 todo terminó, pues quebré en lo financiero y en lo emocional. Me hundí en deudas.

Jeanine, los niños y yo pasamos por momentos de gran escasez, llenos de cobros y miedo. Vivía bajo amenazas: me despertaba y me acostaba con gente llamando al teléfono de mi casa para insultarme. ¿Puedes imaginar esa situación? Si no es así, quiero que sepas que es aterrador.

En medio del caos en que se había convertido mi vida, Dios me permitió aprender sobre la búsqueda de la paz. Para ilustrarlo, contaré dos situaciones de aquel tiempo de mucho dolor y llanto. La primera es de un hombre que prestó un servicio de consultoría para mi agencia. El servicio se realizó conforme a lo acordado y tuvo el efecto deseado, es decir, todo salió bien. Tiempo después, sin embargo, ese hombre me demandó. Inició una acción judicial contra mí alegando que era mi empleado y que tenía derecho a recibir una fortuna por supuestos derechos laborales. Me llevé un susto. Él nunca había sido mi empleado, fue un servicio puntual. Todo era mentira.

¿Cómo alguien tiene el valor de actuar de esa manera? Parecía una pesadilla.

Sentirse agraviado es una experiencia difícil de manejar.

Estando contra la pared, tuve que contratar a un abogado que preparó la defensa. Teníamos tantas pruebas a nuestro favor que me dijo que sería posible contraatacar e iniciar un proceso contra ese hombre, pues él no era la víctima, sino el villano. Sin embargo, elegí no hacerlo. Esa era una pelea en la que no quería entrar.

La segunda situación está relacionada con una persona que trabajaba en la agencia y en quien tenía total confianza. Él sí era empleado y, además, ocupaba un cargo estratégico. Tenía acceso, por ejemplo, a los datos de los clientes, de los proveedores y de las negociaciones. Lo sabía todo. Como ya dije, confiaba plenamente en él, y ese fue mi error. En los meses previos a la quiebra de mi empresa, comenzó a estructurar su propia agencia que, créelo, sería nuestra competencia. Jamás pasó por mi mente que al actuar a escondidas, este empleado desviaba dinero de la caja de mi negocio y aun contactaba a nuestros clientes para ofrecerles paquetes de viaje de su nueva empresa. Llevó dinero y clientes. Tiempo después, quebré, y él estaba a todo vapor con su nueva empresa, llevando caravanas a Israel.

Tenía todo para demandarlo. Tenía incluso el derecho de iniciar una acción criminal que podría ponerlo en prisión. Podría haber hablado mal de él a todas las personas que lo conocían. Rápidamente podría haber destruido su reputación o, al menos, causar un daño considerable. Sin embargo, nuevamente, decidí no entrar en esa guerra.

Mi actitud de no judicializar las situaciones ¿mitigaba mi pérdida? No.

¿Sabía lo que les pasaría a ellos? No, no tenía la menor idea. Decidí, sin embargo, creer en la palabra registrada en el Libro de la Sabiduría Milenaria: *Queridos amigos, nunca tomen venganza. Dejen que se encargue la justa ira de Dios. Pues dicen las Escrituras: «Yo tomaré venganza; yo les pagaré lo que se merecen»*, dice el Señor (Romanos 12:19, ntv). ¡Está escrito!

Recuerdo hasta hoy a un amigo diciéndome: "Tiago, tienes que ir a la policía y denunciar a ese tipo. Lo que hizo es un crimen. ¡Te perjudicó! Vas a hacer el papel de tonto si dejas esto así". Las palabras de este amigo reflejan exactamente lo que presenté como pensamiento del sentido común, el cuidado por la reputación.

———

¿Has enfrentado alguna situación similar a las que he mencionado? ¿Cómo la resolviste? ¿Buscaste la conciliación, optaste por la justicia terrena o renunciaste a "tus derechos"? ¿Qué frutos cosechaste de esa resolución?

_____

_____

_____

———

Es importante enfatizar que no intento persuadirte de no recurrir a la justicia humana cuando tus derechos sean lesionados, ni trato de impedir que luches para que los culpables sean castigados. Solo estoy contando que, en esas dos situaciones, decidí buscar la paz.

Y lo hice por mí, para mí. Porque la paz no es un sentimiento, es el estado en el que te encuentras cuando tomas decisiones alineadas con tu propósito y tus principios. No quería vivir los problemas que un litigio judicial podría traerme, aunque en esas situaciones yo fuera la víctima. El abogado dijo que podría tardar tres años hasta que la situación se resolviera, lo que entendí como mucho tiempo. Preferí cerrar el asunto, incluso si eso significaba salir perdiendo. Preferí sembrar la paz y cosechar, más adelante, las recompensas que esta brinda.

QUIEN SIEMBRA LA PAZ ATRAE BUENAS RECOMPENSAS PARA SU VIDA.

Más adelante, abordaré el tema de la siembra de la paz, y contaré lo que sucedió cuando me encontré por casualidad con ese exempleado que traicionó mi confianza.

¡Tres verdades!

Pablo de Tarso dejó una instrucción preciosa que, para muchos, es difícil seguir. Está registrada en el Libro de la Sabiduría Eterna, en la Carta a los Romanos: *No te dejes vencer por el mal; al contrario, vence el mal con el bien* (Romanos 12:21). Y, como buscar la paz es practicar el bien, eso significa no "reaccionar a la altura" contra las personas. **No pagues el mal con mal. Vence el mal con el bien.**

"Pero ¿y yo?", podrías estar preguntando. "¿Fui perjudicado y aun así debo salir 'por debajo'?". Los consejos que doy aquí no tienen como objetivo aumentar tu sufrimiento ni transformarte en alguien pasivo. La realidad es que tu dolor no puede resolverse con una "respuesta a la altura", porque al devolver el mal con mal te conviertes en alguien malo. Al principio solo fuiste herido, pero al vengarte te conviertes en alguien que también hiere a otros. Presta atención a esto: la paz se aleja de quien practica el mal.

Además, responder al mal con bien es lo opuesto a la pasividad, pues significa que a pesar del daño que alguien te causó, no permites que ese dolor moldee tus acciones. Es decir, no es el otro el que define quién eres, sino tus principios. Una verdad que debe estar fijada en tu mente es que a pesar de las acciones de terceros, está en tus manos permitir que la maldad de ellos alcance tu corazón. Al comprender esto serás capaz de desarrollar emociones que no sean tan frágiles.

La respuesta que das a las crisis es tu responsabilidad. No sirve de nada señalar con el dedo a quien te perjudicó, por ejemplo, a tus padres, que te criaron de tal o cual manera; o a las circunstancias que escaparon de tu control. No quiero decir que estas cosas no importen, sino que no tienen el poder de definir tu futuro. Incluso en el sufrimiento, aún tenemos elección. De hecho, guarda esta verdad: **quien no aprende algo valioso en los momentos más difíciles, ha sufrido en vano.**

Esto nos lleva a la tercera verdad de este tema. Durante el proceso de bancarrota de mi empresa aprendí que **todos quieren vivir en paz, pero son pocos los que realmente actúan como pacificadores.** Nadie está dispuesto a sufrir un daño, aunque sea temporal, para obtener la paz. Y, guiados por el sentido común, muchos amigos dan consejos vengativos que a largo plazo no traen buenos frutos. Todo esto muestra la importancia de nuestras decisiones: ¿qué consejo seguiré? ¿Cómo reaccionaré? ¿Qué tipo de resolución buscaré?

A pesar de haber quebrado financieramente en el 2010, logré recuperarme y tomar nuevos vuelos. Esto solo fue posible porque elegí "salir por debajo". En lugar de rumiar heridas y acariciar mi ego herido, seguí adelante y en paz. No permití que mi interior fuera moldeado por la maldad de los demás.

¿CÓMO OBTENER LA PAZ?

El secreto para tener lo que deseas es sembrar: *En toda ocasión, con oración y ruego, presenten sus peticiones a Dios y denle gracias. Y la paz de Dios, que sobrepasa todo entendimiento, cuidará sus corazones y sus pensamientos en Cristo Jesús* (Filipenses 4:6-7). Oración y gratitud son siembras. Una vez plantadas, producen la paz.

Para que tu vida terrenal sea más ligera y menos problemática, buscar la paz en todo momento es un principio indiscutible. "Pero ¿cómo puedo hacerlo si mis emociones claman lo contrario? ¿Cómo puedo ser sembrador de la paz si el mundo en el que vivimos está en guerra?". Preguntas como estas pueden estar rondando tu mente mientras lees. Necesitamos, entonces, definir un concepto:

LA PAZ ES UN REGALO DEJADO POR JESÚS PARA NOSOTROS.

Mira lo que dice el texto bíblico del evangelio de Juan 14:27: *La paz les dejo; mi paz les doy. Yo no se la doy a ustedes como la da el mundo. No se angustien ni se acobarden.* La paz es un regalo que ya has recibido, solo tienes que ponerla en práctica.

Cuando era niño y vivía en el suburbio de Río de Janeiro, donde crecí, las bromas callejeras eran diarias. Teníamos juego de botones, canicas, cometa, bates improvisados, fútbol en la calle con chancletas e incluso lanzamiento de dardos al blanco. Digo "incluso" porque era un juguete caro para nuestra realidad, pero tuvimos esa oportunidad.

El objetivo de este último juego era acertar el dardo en el centro del blanco. Para conseguirlo, eran necesarias concentración, práctica y firmeza en las manos. A veces no acertaba en el centro, que estaba pintado de rojo, pero el dardo se clavaba en la parte amarilla que era la siguiente en puntuación.

Así es como debemos manejar la paz en nuestra vida también: concentrarnos en ella, practicarla siempre y tener firmeza para cumplirla. A veces no vamos a acertar en el centro de la paz, pero al menos estaremos cerca. Lo realmente importante es que sea un objetivo diario en nuestra vida terrenal.

No estoy orgulloso de muchas cosas que viví en mi pasado. Pero hay algo que puedo contar con alegría: siempre perseguí la paz. ¿He peleado con personas que amaba? Sí. ¿He cometido errores provocando la ira de alguien? Por supuesto que sí. Pero esos comportamientos infantiles fueron casos aislados. En mi corazón, siempre quise estar en paz con todos.

Cumplir este principio fue la base de lanzamiento para lo que hago hoy.

Si estuviera en pie de guerra, jamás habría construido lo que Dios me permitió construir hasta aquí.

NO DEJES QUE NADIE ROBE TU PAZ.

Cita al menos una ocasión en que peleaste o provocaste la ira de alguien y el resultado de esa acción. Anota también una situación en que buscaste la paz y la consecuencia que tuviste. Analiza las dos respuestas y observa cuál fue más provechosa.

_____

_____

_____

Sin embargo, también sé que la vida está hecha de luchas. No existe un campeón de boxeo que haya entrado en el ring para luchar sin deseo de ganar. Las luchas reservan la gloria a los que vencen. Hay un fragmento de la película Rocky Balboa (2006) que retrata la realidad de la vida. Está en la conversación que Rocky, con cerca de 60 años de edad, tiene con su hijo Robert sobre volver a los rings:

—¿Estás nervioso por la pelea? —dijo Robert.

—Sí, estoy asustado —respondió Rocky.

—No lo parece.

—No puedo aparentarlo.

—Pero no tienes que luchar.

—¿Crees que estoy perjudicándote?

—Sí, de cierta manera lo estás.

—Esa es la última cosa que quiero en la vida —replicó Rocky.

—Sé que no es lo que quieres, pero es exactamente lo que estás haciendo. ¿No te importa lo que la gente piensa? ¿No te molesta que la gente haga bromas sobre ti? Y yo estaré en medio de todo eso. ¿Crees que eso está bien? ¿De verdad lo crees?

—Sí, no lo vas a creer —dijo Rocky— , pero cabías aquí (mostrando la palma de una de sus manos). Te sostenía y le decía a tu madre: "Este niño va a ser el mejor niño del mundo. Este niño va a ser mejor que cualquiera que conozcamos". Y creciste siendo bueno, maravilloso. Fue muy bonito verte crecer, fue un privilegio. Luego, llegó el momento de que fueras adulto y conquistaras el mundo, y lo hiciste. Pero en algún punto de ese camino, cambiaste, dejaste de ser tú. Ahora dejas que la gente te señale con el dedo y te diga que no eres bueno. Y cuando se vuelve difícil, buscas algo a qué culpar, como una gran sombra.

Voy a decirte algo que ya sabes. El mundo no es un gran arcoíris. Es un lugar sucio, es un lugar cruel, que no quiere saber cuán duro eres. Te pondrá de rodillas, y permanecerás de rodillas para siempre si lo permites. Tú, yo, nadie golpea tan duro como la vida. Pero no se trata de cuán fuerte golpees, sino de cuánto puedas aguantar y seguir adelante, cuánto seas capaz de soportar y seguir intentándolo. ¡Así es como se consigue ganar!

Robert piensa de acuerdo con el sentido común y solo está preocupado por su reputación. Ni siquiera parece considerar la salud de su padre. Por otro lado, Rocky le explica la realidad de la vida a su hijo: todos enfrentaremos batallas y necesitamos ser capaces de soportarlas. Podemos interpretar que el consejo de Rocky sobre soportar los golpes y seguir intentando ganar se aplica a todas las áreas de la vida.[14]

DOS TIPOS DE LUCHAS

Considero que en la vida terrenal hay dos tipos de luchas: las que provocamos y las que Dios nos envía.

Las luchas que Dios nos destina no nos roban la paz. De hecho, nos promueven a nuevos niveles y siempre salimos victoriosos de ellas. Hay dos ejemplos en el Libro de la Sabiduría Milenaria que demuestran exactamente mi punto de vista. Se trata de dos luchas que, a los ojos humanos, parecían imposibles de superar.

Una de estas situaciones es similar a las escenas de películas para adolescentes de hace algunas décadas, donde el villano (el fortachón de la escuela) reta al chico bueno (un joven tímido y débil) a una pelea después de clases. El chico bueno, acorralado, se ve obligado a aceptar. En ese momento su mejor amigo le aconseja: "Es mejor que te rindas. ¡Te va a destrozar!". ¿Puedes imaginar la escena?

---

14. *Rocky Balboa*, 2006, dirigida y escrita por Sylvester Stallone, quien también interpreta a Rocky. El personaje de Robert es interpretado por Milo Ventimiglia.

La primera historia está registrada en el libro de Génesis, capítulo 32, desde el v. 22, y nos cuenta que Jacob, uno de los patriarcas judíos, luchó con un hombre que en realidad era Dios. Algunos estudiosos sugieren que la lucha fue con un ángel, pero las Sagradas Escrituras dejan claro quién era ese hombre en el pasaje de los vv. 24 al 28:

Entonces un hombre luchó con él hasta el amanecer. Cuando este se dio cuenta de que no podía vencer a Jacob, lo tocó en la coyuntura de la cadera y esta se le dislocó mientras luchaban. Entonces dijo:

—¡Suéltame, que ya está por amanecer!

—¡No te soltaré hasta que me bendigas! —respondió Jacob.

—¿Cómo te llamas? —le preguntó el hombre.

—Me llamo Jacob —respondió.

Entonces le dijo:

—Ya no te llamarás Jacob, sino Israel, porque has luchado con Dios y con los hombres y has vencido.

Según el relato bíblico, el hombre cambió el nombre de Jacob a Israel. Un ángel no tendría el poder para hacer eso. Y el hombre también dijo: *Has luchado con Dios.* Además, la narrativa no termina en el v. 28. Observa lo que dice el versículo 30, reforzando la certeza de que allí estaba Dios: *Jacob llamó a ese lugar Peniel, diciendo: «He visto a Dios cara a cara y todavía sigo con vida».* Nuestra forma de entender el mundo no puede comprender cómo ese hombre pudo lograr tal hazaña. Es imposible que un ser humano venza a Dios, que es el Creador de todas las cosas, incluyendo la humanidad.

La segunda narrativa que contaré recuerda más a las películas de intriga política, cuando un hombre malintencionado influencia al rey para tomar una decisión que perjudica a muchos, pero beneficia personalmente a él. Es la historia de Ester, contada en el libro homónimo del Antiguo Testamento.

Todo comienza cuando el rey Jerjes, de Persia, se enfurece porque su esposa se negó a obedecerlo, y decide destituirla de su puesto de reina. Entonces, los sirvientes del rey buscan a hermosas vírgenes que podrían convertirse en la nueva consorte. En ese contexto, Ester, una israelita, es llevada al palacio. Entre muchas candidatas, es elegida por Jerjes para convertirse en su nueva reina. Sin embargo, en esa época, el pueblo israelita estaba dominado por los persas, razón por la cual la joven oculta su origen.

Buscando venganza por un desacuerdo personal, Amán, uno de los hombres más importantes del imperio, convence al rey de que el pueblo judío era peligroso y que debía ser perseguido y aniquilado. Bajo esta influencia, el rey emite un decreto ordenando que todos los judíos fueran destruidos en una fecha determinada, y que los bienes de las víctimas pasarían a manos de los agresores.

¡Imagina la situación! Ester, la reina, ella misma judía, descubriendo que todo su pueblo iba a ser exterminado. Estaba en completa desventaja. Ester solo era reina porque Jerjes había destituido a la reina anterior (lo que fácilmente podría sucederle a ella); su origen era un secreto para todos; solo podía presentarse ante el rey si él la solicitaba; y para completar el escenario, un decreto real nunca podía ser revocado. La situación parecía sin salida, una lucha imposible de ganar. Un paso en falso y Ester podría ser destituida, o incluso ejecutada.

Sin embargo, con estrategia e inteligencia, la situación pudo ser revertida. La reina ayunó y oró durante tres días, habiendo pedido al pueblo Israelita que hiciera lo mismo. Luego, tras prepararse, Ester se presenta valientemente ante el rey sin ser llamada, y es aceptada por él. Durante dos días, ofrece un banquete a Jerjes y a Amán. Y en la segunda noche hace su petición: que ella y su pueblo sean salvados. En una sorprendente sucesión de eventos, Amán es desenmascarado y ejecutado. Como el rey no podía retractarse de su palabra, emite un decreto que otorga a los judíos el derecho a defenderse cuando fueran atacados. ¡El pueblo fue salvado!

Estas dos batallas fueron enviadas por Dios. La primera sirvió para que Jacob, entre tantas interpretaciones posibles, dejara claro que su fe estaba en Dios y que creía tanto en ello que estaba dispuesto a luchar para ser bendecido por el Todopoderoso. La victoria en esta lucha hizo que el hijo de Isaac dejara de ser simplemente un hombre, Jacob, y se convirtiera en una nación, Israel.

A través de Ester, se evitó una verdadera tragedia. En lugar de destitución o muerte, se convirtió en una figura influyente y pudo salvarse a sí misma y a su pueblo. A pesar de la desventaja inicial, su lucha contra Amán solo la fortaleció.

> LAS BATALLAS QUE DIOS ENVÍA
> SIRVEN PARA PROMOVERNOS.
> ¡Y NUNCA NOS ROBAN NUESTRA PAZ!

El otro tipo de lucha al que estamos sujetos solo nos roba la paz, la salud y el tiempo. Pueden ser situaciones cotidianas simples como discusiones motivadas por una toalla mojada sobre la cama hasta las más complejas como la traición de la confianza de alguien muy cercano. Cada una de las batallas que provocamos solo nos alejan del enfoque de buscar y mantener la paz.

¿Es difícil buscar y mantener la paz? Sí. ¿Es imposible? No.

En última instancia, tu mentalidad determinará tu éxito en esta búsqueda y mantenimiento. Puedo afirmar que cuando entendemos que la paz es un regalo de Jesús y que, por lo tanto, nos pertenece, es más fácil comprender que las personas no pueden quitárnosla a menos que nosotros lo permitamos. ¿Y por qué lo permitiríamos si somos conscientes de las enormes ventajas de mantenerla?

La paz trae muchos beneficios a tu vida. Imagina que estás conduciendo por tu ciudad con el GPS activado. La aplicación te informa que justo adelante hay un gran atasco de tráfico y te propone una ruta alternativa. Cambias de dirección, evitas el tráfico y llegas a tu destino.

En esta ilustración, el tráfico detenido representa todo lo que la falta de paz puede causar (dependiendo de la ciudad en la que residas, entenderás perfectamente lo que digo). Si te detienes en el embotellamiento, perderás tu tiempo, llegarás tarde a tu destino y podrías incluso irritarte. Por otro lado, el camino alternativo te libra de todos esos inconvenientes. Escapar del problema, por lo tanto, resulta en tener paz.

¡MENOS PROBLEMAS, MÁS PAZ!

Hace años, cuando mi familia y yo vivíamos en Estados Unidos, recibí una invitación para ir a la casa de un amigo. Estaba organizando un almuerzo y quería charlar. Recuerdo que cuando llegamos bromeé con el menú: "Entonces, ¿vamos a hacer una barbacoa al estilo americano? (hamburguesas y salchichas a la parrilla)", dije.

Ese encuentro informal, sin embargo, me reservó una gran sorpresa. Durante la charla, miré Instagram y vi que había recibido un mensaje de aquel exempleado que me había robado. En ese mensaje, él pedía perdón y explicaba cómo su vida se había descarrilado, hasta el punto de perder a su familia y su dignidad. Decidí responderle, le di unas palabras de esperanza y me alegré de haber mantenido el principio bíblico de no devolver mal por mal, de no alimentar al enemigo y de mantener la paz con todos.

Él estaba en una situación muy difícil, sufriendo y con su familia destrozada. Yo estaba viviendo con mi familia en Estados Unidos, en la casa de nuestros sueños. En ese momento Dios me estaba levantando; ya era conocido y mis resultados solo crecían. Estaba escribiendo el libro *Especialista en personas* y había vuelto a llevar caravanas a Israel. Pero ahora no era el proveedor de servicios que organizaba el viaje, negociaba el alojamiento y planeaba el itinerario. Yo era el líder de las expediciones. La gente iba a Israel para estudiar conmigo sobre inteligencia y espiritualidad. Estaba llevando más gente a Tierra Santa y ganando mucho más de lo que ganaba en los tiempos de mi antigua agencia.

La paz trae recompensas. Si hubiera reaccionado en aquel momento, si lo hubiera denunciado, tal vez él me culparía por su caída. Uno de los grandes problemas del ser humano es buscar justificaciones para las situaciones que enfrenta e intentar poner la culpa en otros.

SI NO PUEDES IMAGINAR EL FUTURO, NO PODRÁS DOMINAR LAS EMOCIONES DEL PRESENTE.

Preferí dejar de lado "mi razón y mis derechos" y sembrar la paz. No estoy diciendo que fue tranquilo o fácil emocionalmente. La batalla de nuestras emociones contra los principios (razón) es enorme; pero ser un pacificador siempre será una elección. Y tienes que optar por ello.

Hoy soy muy solicitado por amigos y colegas empresarios para resolver conflictos interpersonales, crisis entre socios, peleas de marido y mujer, escándalos entre familiares y más. ¡He resuelto de todo!

Me llaman por tres razones: porque tienen absoluta confianza en mí; por mi sabiduría y habilidad para resolver casos; y porque soy pacificador. Confianza porque no importa el tema que se trate o la gravedad del asunto, todo quedará ahí. Jamás se compartirá con terceros. Sabiduría y habilidad porque mi experiencia me ha llevado a resolver problemas. Y siempre lo resolvemos de forma pacífica. ¡Por eso soy pacificador!

Quien busca la paz se posiciona. El promotor del caos jamás se encuentra del lado correcto de la historia. Como nos enseña Salmos 34:14 (NTV): *Apártate del mal y haz el bien; busca la paz y esfuérzate por mantenerla.*

Hace años, un líder religioso reconocido y respetado en el país (quizás uno de los mayores nombres del segmento en las últimas décadas) me atacó duramente en un video en internet. El odio destilado fue tan grande que el video rápidamente alcanzó 1 millón de vistas. Mi teléfono no dejaba de sonar: "Tiago, ¿qué vas a hacer?". Un amigo exclamó: "¡Te recomendaré a un buen abogado!".

Aprendí mucho de esa historia. El líder que me estaba atacando ya había desagradado a personas relevantes. Cuando el caso se difundió, otro gran líder que no simpatizaba con la persona que me atacó, me escribió un correo electrónico: "¡Vamos a por él, cuenta conmigo!".

Hay un viejo dicho, que algunos dicen ser de origen árabe, que enseña: "El enemigo de mi enemigo es mi amigo". La frase resume la idea de que podemos unir fuerzas contra un enemigo común. Pero la Sabiduría Milenaria apunta en otra dirección.

A todos, respondí con una frase de Lucas 9:55 (NBLA): *Ustedes no saben de qué espíritu son.*

La frase es de Jesús. Una vez, sus discípulos Santiago y Juan se irritaron porque los samaritanos se habían negado a recibir al Maestro. Ante la negativa, los dos pidieron permiso para "hacer bajar fuego del cielo" y matar a todos. Allí Jesús dijo esa frase y explicó que Él no estaba en la Tierra para destruir la vida de nadie, sino para salvar a las personas.

No dejé que la ira de otros me contaminara. Eso me habría robado la paz. No me quedé solo en el discurso bonito. Decidí dar un paso más para resolver ese problema. Días después de la repercusión en internet, tomé un avión y fui a la ciudad de ese líder. Me puse en contacto con su equipo, pedí una reunión y cara a cara, con amor y respeto en las palabras, le pedí que me explicara dónde estaba equivocado. Quería saber qué había hecho para motivar ese ataque y, si era el caso, estaba listo para corregir mis acciones.

Él se sorprendió con mi actitud, y en diez minutos de conversación ya estábamos riendo de otras cosas. Vio que yo era auténtico, que todo había sido un malentendido y sellamos la paz. Ese gran líder, que alguna vez fue verdugo, es hasta hoy alguien que me defiende y testifica a mi favor cuando habla de mantener la paz con los demás. Gané un aliado.

He aprendido a lo largo de la vida que no importa cuántos amigos tengas, sino cuántos enemigos haces. La victoria en esta peregrinación depende de los caminos que eliges. Yo elegí el camino de los principios milenarios. Y, en especial, el de la paz.

Grandes emperadores de la antigüedad terminaron en ruinas porque renunciaron a la paz para intentar conquistar el territorio de otros. Jesús podría haber sido uno de ellos, pero él prefirió la paz.

MEDITACIÓN Y ORACIÓN

El Libro Sagrado nos aconseja sobre cómo manejar las circunstancias que nos alejan de la paz que excede todo entendimiento. Para que esta lección quede grabada en tu corazón para siempre, dejaré sugerencias y pasajes de las Escrituras para que medites.

Para ello, reserva al menos una hora de tu día y un lugar
silencioso, tranquilo y sereno; tal vez antes de dormir. Si prefieres, puedes repetir estos pasajes en voz alta para escucharlos y absorberlos. También puedes leerlos y luego orar. Otra
opción es hacer una meditación por día.

¡Sentirás la diferencia! Y puedes siempre repetir este ejercicio cuando tengas que enfrentar una batalla.

✓ **Sé perseverante en la búsqueda de la paz:** *Apártate del mal
y haz el bien; busca la paz y esfuérzate por mantenerla.* (**Salmos
34:14, NTV**)

✓ **No renuncies a la paz, pues tu futuro depende de ello:**
*Observa a los que son íntegros y honestos: hay porvenir para quien
busca la paz.* (**Salmos 37:37**)

✓ **La alegría es una promesa:** *En los que planean el mal habita el
engaño, pero hay gozo para los que promueven la paz.* (**Proverbios
12:20**)

✓ **Actúa según lo que está escrito, no según tus sentimientos:**
*Si es posible, y en cuanto dependa de ustedes, vivan en paz con
todos.* (**Romanos 12:18**)

✓ **Ten ánimo, a pesar de las aflicciones:** *Yo les he dicho estas cosas
para que en mí hallen paz. En este mundo afrontarán aflicciones,
pero ¡anímense! Yo he vencido al mundo.* (**Juan 16:33**)

✓ **La paz divina guarda corazones y mentes:** *Y la paz de Dios,
que sobrepasa todo entendimiento, cuidará sus corazones y sus
pensamientos en Cristo Jesús.* (**Filipenses 4:7**)

✓ **La paz divina aleja el miedo y las perturbaciones:** *La paz
les dejo; mi paz les doy. Yo no se la doy a ustedes como la da el
mundo. No se angustien ni se acobarden.* (**Jesús de Nazaret, en
Juan 14:27**)

✓ **La paz es una expresión de la mentalidad del Espíritu:** *La mente gobernada por la carne es muerte, mientras que la mente que proviene del Espíritu es vida y paz.* (**Romanos 8:6**)

✓ **Quienes buscan mantener la paz son llamados hijos de Dios:** *Dichosos los que trabajan por la paz, porque serán llamados hijos de Dios.* (**Jesús de Nazaret, en Mateo 5:9**)

✓ **La paz divina funciona como un juez:** *Que gobierne en sus corazones la paz de Cristo, a la cual fueron llamados en un solo cuerpo. Y sean agradecidos.* (**Colosenses 3:15**)

✓ **Debemos esforzarnos por buscar la paz:** *Por lo tanto, esforcémonos por promover todo lo que conduzca a la paz y a la mutua edificación.* (**Romanos 14:19**)

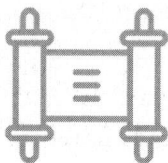

SOLO LA DISCIPLINA ES

CAPAZ DE ACELERAR

EL CRECIMIENTO Y

LA APARICIÓN DE

RESULTADOS POSITIVOS.

6

EL PRINCIPIO DE LA DISCIPLINA: LA LEY ESPIRITUAL DEL CRECIMIENTO

Los que aceptan la disciplina van por el camino que lleva a la vida,
pero los que no hacen caso a la corrección se descarriarán.
Proverbios 10:17, NTV

Era el año 2017, y comencé a tener algunos pequeños resultados después de cuatro años haciendo lo mismo: escribiendo libros y entrenando personas. Fue entonces cuando al final de un evento exitoso en la ciudad de Belo Horizonte decidí publicar en mi Instagram una foto de esta conferencia. La imagen era significativa: una multitud me estaba mirando, y yo, con el dedo en alto, miraba al infinito. Era una "foto de poder", que exudaba el éxito del evento. "¡Linda foto!", pensé.

Cuando subí la imagen a la red social ¡tuve una gran sorpresa! Por primera vez una foto mía había alcanzado mil "me gusta". Para alguien que llevaba cuatro años luchando por espacio en las redes, ese era un gran hito. Estaba de fiesta. "¡Qué bueno! Por fin las cosas comenzaron a suceder", pensé para mí mismo. Y en medio de esta euforia, sonó mi teléfono. Era mi padre.

—Hola, papá, ¡bendición!

—Dios te bendiga —dijo él, y luego disparó—. Hijo mío, respóndeme una cosa: ¿eres artista o algo por el estilo?

Yo, sonriendo, respondí:

—No, soy un mensajero de Buenas Nuevas, papá.

Él replicó:

—Entonces, ¿qué tipo de foto es esa que acabas de publicar? Me da la impresión de que quieres llamar la atención.

Empecé a ponerme nervioso. Después de todo, eso había sido un gran logro para mí, y mi padre no lo estaba celebrando. Por el contrario, estaba llamando mi atención. Comencé a argumentar en mis pensamientos: "Pero ¿qué entiende mi padre de internet para hablar de mi publicación?".

Es impresionante cómo nuestra mente tarda en asimilar el poder de la reprensión, ¡la grandeza de ser disciplinado! Es como si nuestro mecanismo de huida, activado en casos de "vida o muerte", se disparara. Inmediatamente queremos defendernos.

Como seres emocionales, dejamos que nuestros sentimientos tomen decisiones en lugar de la razón. Al final, después de resistir y luchar contra mí mismo, borré la publicación. Fue entonces cuando mi "viejito" me enseñó algo poderoso:

—Tiago, si quieres crecer y crecer, y aun así no sentir el enorme peso de tu nuevo tamaño, tendrás que evitar llamar la atención por pura vanidad. Si me dices que eres solo un mensajero, entonces el mensaje debe ser más importante que tú.

A pesar de la molestia que sentí en ese momento, después entendí que la reprensión de mi padre ayudó a mi vida. No es de extrañar que la carta a los Hebreos nos enseñe sobre disciplina:

Y ya han olvidado por completo las palabras de aliento que como a hijos se les dirigen:

«*Hijo mío, no tomes a la ligera la disciplina del Señor*
ni te desanimes cuando te reprenda,
porque el Señor disciplina a los que ama
y azota a todo el que recibe como hijo».
Lo que soportan es para su disciplina, pues Dios los está tra-
tando como a hijos. Porque, ¿qué hijo hay a quien el padre no
disciplina? Si a ustedes se les deja sin la disciplina que todos
reciben, entonces son bastardos y no hijos legítimos. Después de
todo, nuestros padres humanos nos disciplinaban y los respetá-
bamos. ¿No hemos de someternos, con mayor razón, al Padre
de los espíritus y viviremos? En efecto, nuestros padres nos
disciplinaban por un breve tiempo, como mejor les parecía; pero
Dios lo hace para nuestro bien, a fin de que participemos de
su santidad. Ciertamente, ninguna disciplina, en el momento
de recibirla, parece agradable, sino más bien dolorosa; sin
embargo, después produce una cosecha de justicia y paz para
quienes han sido entrenados por ella.

(Hebreos 12:5-11)

A todos les gusta ser elogiados. Todos quieren recibir "palma-
ditas en la espalda", felicitaciones y reconocimiento por sus acciones
e ideas, pues a nuestro ego le agradan las validaciones de nuestros
semejantes. Sin embargo, pocas son las personas que aceptan ser
reprendidas. Después de todo, es un tanto incómodo tener a alguien
que te llame la atención y te diga que alguna actitud está equivocada.

Ser confrontado es una dificultad para la mayoría de los seres
humanos; casi nadie gusta de escuchar palabras de exhortación. Sin
embargo, cuando la reprensión es hecha por la persona correcta, es
una dádiva. El Libro Milenario enfatiza que la disciplina es el camino
hacia la sabiduría: *Corrige a tu hijo mientras aún hay esperanza; no*
te hagas cómplice de su muerte (Proverbios 19:18). Este pequeño
fragmento sobre la reprensión es solo uno entre muchos ejemplos

disponibles. Describe la relación entre padres e hijos, pero puede aplicarse a otros vínculos sociales, ya que se trata de un principio.

LAS DOS CARAS DE LA DISCIPLINA

En el Libro de la Sabiduría Milenaria encontramos la palabra "disciplina" como sinónimo de "represión". Esta información interesante nos lleva a entender este principio de dos formas. En la primera de ellas, la disciplina está relacionada con el rendimiento, y puede significar la forma en que ejecutamos algo, la rutina, el acto de hacer lo que hay que hacer. Por ejemplo, una persona que desea pasar el examen de ingreso a la universidad necesita estudiar de forma disciplinada todos los días durante varias horas al día. De la misma manera, un atleta que desea alcanzar el nivel olímpico necesita entrenar muchas horas diarias. En la segunda forma, la disciplina está más ligada a la represión, llamar la atención, hacer entender o aprender algo.

En este capítulo mostraré cómo el principio de la disciplina hará que tengas una vida más ligera aquí en la tierra. Puede parecer contradictorio, al fin y al cabo, ¿cómo puede ser agradable la represión? Sin embargo, el hecho de que exista alguien para llamarte la atención y decirte cuán equivocado estás, es capaz de generar ligereza. Esa es la realidad. La represión de hoy ayuda a crear los días agradables de mañana.

También es cierto decir que la disciplina relacionada con la rutina y el rendimiento facilita (y mucho) tu peregrinación terrenal. Grandes mentes de la humanidad ya han dicho que todo genio que cambió algo en el mundo tuvo una madre muy estricta; algunos incluso llegaron a nombrarla "molesta". La observación contenida en este modo de pensar tiene una lección: la genialidad de ellos solo se hizo plena, y fueron capaces de alcanzar sus objetivos durante la vida, porque fueron reprendidos y exigidos.

Anota esta fórmula para el desarrollo: a mayor disciplina, mayor crecimiento. Cuanto más seas desafiado a corregirte, más te perfeccionarás y mejor te volverás. Así, la corrección está directamente ligada a los resultados positivos que deseas alcanzar.

TODA PERSONA NO EXITOSA ES UN ENEMIGO DE LA REPRIMENDA.

Al hablar del primer concepto de disciplina, en el sentido de la conducta asumida para alcanzar cierto nivel de rendimiento, encontramos la necesidad de estudiar también la palabra "rutina", que para muchos puede ser aterradora. Esto sucede porque algunos patrones de comportamiento que están arraigados en el imaginario de nuestra sociedad se apoderan de nuestra mente. El primero es que "rutina" nos recuerda a agenda, horarios y actividades que no siempre nos causan bienestar inmediato. Es el mismo caso de las palabras estudio, trabajo, actividades físicas, entre otros.

El segundo patrón es la idea de que la rutina es una fuente de problemas. Por ejemplo, cuando una pareja está pasando por momentos difíciles, alguien pronto aconseja "hacer algo diferente para escapar de la rutina". Esto sugiere que romper con las actividades cotidianas es la medicación adecuada para aquellos que enfrentan una crisis en la relación. En realidad, la rutina es una creación divina para generar resultados positivos.

Puedes preguntarte: "¿Cómo es eso, Tiago?". ¡Es verdad! Imagina por unos segundos, qué pasaría si tu intestino tuviera voluntad propia y decidiera funcionar de manera no habitual, o incluso se negara a funcionar durante veinte días consecutivos. ¡Sería terrible! Si la falta de rutina del intestino causara incomodidad en tu día a día, el problema podría ser aún mayor si el corazón hiciera lo mismo, ¿no es así?

Yo viví esa adversidad. Había estado haciendo actividad física durante algún tiempo y, con seguimiento médico, también tomaba suplementos para mejorar mi rendimiento. Todo estaba bien hasta que el 5 de octubre del 2022 me llevé un gran susto.

Después de una actividad cotidiana, sentí mi corazón acelerarse. OK, eso puede suceder. Es común, especialmente cuando estamos en el pico de actividades cardiovasculares. Pero el tiempo pasaba y el ritmo de los latidos no volvía a la normalidad. Había dejado de hacer ejercicio hace treinta minutos, estaba en reposo y el corazón seguía acelerado. Esa voz que nos dice que "algo está extraño" fue aumentando. Entonces, una hora después, ingresé al Hospital Albert Einstein, en São Paulo, bastante preocupado.

Aunque sé que la eternidad me espera, y que el Reino de los Cielos es mi destino, tengo cuatro hijos pequeños, una esposa a la que amo y muchas ganas de estar con ellos en esta vida. No quería morir del corazón y perder la oportunidad de ver crecer a mis hijos. Ese fue un día de mucha preocupación. El equipo de Einstein necesitó unas diez horas para controlar la arritmia cardíaca, lo que me hizo multiplicar oraciones y reflexiones sobre la vida y la muerte. Fueron diez horas aterradoras tratando de entender por qué todo eso estaba sucediendo.

Lo que me pasó fue una arritmia, que básicamente es una condición en la que tu corazón pierde el ritmo, ya sea que lata más rápido de lo normal (taquicardia) o que su ritmo se vuelva más lento (bradicardia). En ambos casos, puede llevar al colapso.[15] Por lo tanto, no te engañes: salir de la rutina puede ser terrible.

> TENER UNA RUTINA SALUDABLE E INTENCIONAL
> ES UNO DE LOS CAMINOS HACIA GRANDES LOGROS
> Y REALIZACIONES.

---

15. Disponible en: https://saude.abril.com.br/medicina/o-que-e-arritmia-cardiaca-causas-sintomas-e-tratamentos. Consultado el 2 octubre de 2023.

En las páginas del Libro de la Sabiduría y la Riqueza, en la sección conocida como Proverbios, "reprensión" es una palabra recurrente. En varios versículos, el rey Salomón insiste en decir que solo aquellos que aman la reprimenda alcanzan la sabiduría. Lee algunos a continuación:

Vuélvanse a mi reprensión, Y derramaré mi espíritu sobre ustedes; Les haré conocer mis palabras.

(1:23, NBLA)

El que ama la instrucción ama el conocimiento, pero el que odia la reprensión es torpe.   (12:1, NBLA)

Pobreza y vergüenza vendrán al que desprecia la instrucción, pero el que acepta la reprensión será honrado.

(13:18, NBLA)

El necio rechaza la disciplina de su padre, pero es prudente el que acepta la reprensión.   (15:5, NBLA)

El que atiende a la reprensión que da vida, habitará entre los sabios.   (15:31)

La reprensión penetra más en el que tiene entendimiento que cien azotes en el necio.   (17:10, NBLA)

El que es reacio a las reprensiones será destruido de repente y sin remedio.   (29:1)

¿Quieres ver el resultado de esta verdad en la práctica? Elige a un hombre o mujer genial que admires, una de esas personas que acumulan grandes hazañas. Observa su rutina, cómo organiza su día y cómo se esfuerza por mejorar. ¿A qué hora se levanta? ¿Tiene un horario para trabajar? ¿Envía su trabajo para que otros lo evalúen? A continuación, anota lo que descubriste y qué lecciones puedes aplicar en tu propia vida.

_____

_____

_____

Notarás que esta persona sigue el principio de la disciplina, ya sea en el sentido de alto rendimiento (cumplir horarios, no procrastinar, hacer lo necesario, cuidar del cuerpo, alma y espíritu) o en el de la reprimenda.

ELIGIENDO A QUIÉN ESCUCHAR

Una de las lecciones que comparto en el Método Destiny,[16] una inmersión de tres días donde enseño principios milenarios, es que el principio de la disciplina es el único capaz de acelerar el tiempo. No digo que te sucederá algo similar a lo que ocurrió en la película *De repente 30*, cuando la protagonista Jenna pasa de los 13 a los 30 años en una noche. Sin embargo, alcanzarás la habilidad de crecer mucho y a una mayor velocidad al tener a tu lado a alguien que te reprenda, corrija y señale formas de mejorar.

_____

16. Para conocer sobre el funcionamiento y la disponibilidad del Método Destiny en la región de más fácil acceso para usted, visite: www.metododestiny.com.br.

Es importante tener en mente que no cualquier persona puede disciplinarte. No es cualquier conocido (o incluso un desconocido) quien tiene el derecho de criticarte o darte una lección de vida. Recuerda las esferas de amistad, las personas evitables e inevitables que presenté en el libro *Especialista en personas*. En el caso de la reprimenda, solo hay tres tipos de personas habilitadas para ejercerla:

1. Personas con autoridad natural sobre ti:

son aquellos que te conocen profundamente a lo largo de tu historia (desde la infancia). Es el caso de padres, madres, abuelos (en el caso de muchas personas que no fueron criadas por sus padres biológicos), profesores y líderes espirituales.

2. Quien te ama mucho:

son las personas que forman parte de tu esfera de amistades íntimas, aquellas con quienes convives más. En este grupo están incluidos el esposo, la esposa, grandes amigos. A veces, la reprimenda más acertada vendrá de tu cónyuge o de un gran amigo. Por más embarazoso que sea, ellos saben lo que realmente necesitas.

3. Un especialista:

alguien que domina el tema en el que necesitas mejorar puede decirte si estás o no en el camino correcto y reprenderte para tu crecimiento.

Haz una pequeña lista de las personas habilitadas para reprenderte. Asegúrate de incluir al menos una de cada tipo:

Nombre	Relación	Tipo

Hoy experimento días de paz y prosperidad. Tengo 43 años mientras escribo estas palabras. Mis libros son leídos por cientos de miles de personas en Brasil y en el mundo; algunos de ellos han estado durante años en la lista de los más vendidos del país. Mi contenido en redes sociales tiene millones de visualizaciones todos los días. El Método Destiny entrena a miles de personas por año; la Noche de Destino[17] alcanza a miles de vidas en cada edición; en mi mentoría, DestinyMind,[18] cientos de personas han encontrado consejos para multiplicar sus negocios y profundizar su relación con Dios. Los resultados son excelentes. Y no tengo dudas de que el principio de la disciplina es uno de los responsables de ello. De no ser así, sería imposible que yo, a los 43 años, viviera de esta manera. Necesité mucha disciplina y represión, mucha, de verdad. Fui severamente corregido hasta encontrar el camino correcto. Sin duda, este fue el principio milenario que aceleró mis pasos hacia el éxito.

LOS LÍMITES TRAEN CRECIMIENTO

Una de las funciones más importantes de los padres es disciplinar a sus hijos, como dicen los doctores Henry Cloud y John Townsend:

> Los niños necesitan estar bajo la autoridad y el control de los padres, pero cuando son castigados por buscar su independencia, normalmente se refugian en el resentimiento y el rencor. Esta hostilidad es una pobre imitación de los designios de Dios sobre la disciplina. Disciplinar es el arte de enseñar autocontrol a los niños mediante las consecuencias de sus actos. La irresponsabilidad trae aflicción, y eso nos motiva a ser más responsables. [...] La actitud "tienes una

---

17. Evento con un mensaje de alrededor de dos horas de duración, en un ambiente de sabiduría e instrucción para el futuro. Para conocer el funcionamiento y la disponibilidad de Noite de Destino en una región de fácil acceso para usted, visite: www.noitededestino.com.br.
18. Si quieres saber más sobre mentoría, visita: https://destinymind.com.br.

opción" enseña al niño a ser responsable de sus propias acciones. [...] El niño elige cuánto sufrimiento está dispuesto a aceptar por ser desobediente.[19]

Es esencial establecer límites y reprender a los hijos. Está científicamente comprobado que la rutina es uno de los factores que más ayuda en el desarrollo de los niños.[20] Necesitan tener un horario determinado para despertarse y dormirse, para jugar y estudiar, para comer, etc. Corresponde a los padres definir qué comerán sus hijos, qué verán en internet o en la televisión, cómo estudiarán, etc.[21] La rutina exige límites y reglas que son combustible para un desarrollo saludable. A través de la disciplina y la represión los padres transforman a sus hijos en adultos conscientes y equilibrados.

Cuanto más enfocada y consistente sea la reprimenda hecha por los padres, mayores serán las posibilidades de que los niños tengan éxito en la vida adulta. Lo contrario también es verdadero: *El hijo sabio atiende a la corrección de su padre, pero el insolente no hace caso a la represión.* (Proverbios 13:1).

Es muy importante no confundir corrección con agresividad. Muchos hijos crecen traumatizados y hasta abrazan el mundo del crimen debido a los excesos y agresiones en la infancia.[22] Cuando

19. Cloud, Henry; Townsend, John. *Limites: Quando dizer sim, quando dizer não.* São Paulo: Vida, 2023, 2da ed., pág. 75
20. Silva, Lucimar Victor da. A rotina na educação infantil: o cuidar e o educar. Disponible en: http://dspace.bc.uepb.edu.br/jspui/bitstream/123456789/1331/1/PDF%20-%20Lucimar%20Victor%20da%20Silva.pdf. Consultado el 2 de octubre de 2023.
21. O Globo. Crianças sem rotina de sono podem ter problemas de aprendizagem. Disponible en: https://oglobo.globo.com/saude/criancas-sem-rotina-de-sono-podem-ter-problemas-de-aprendizagem-8968909
22. Sá, Débora D. X de. Traumas de infância e suas consequências no comportamento psíquico do apenado. Disponible en: https://repositorio.pucgoias.edu.br/jspui/bitstream/123456789/1939/1/Traumas%20de%20inf%C3%A2ncia%20e%20suas%20consequ%C3%AAncias%20no%20comportamento%20ps%C3%ADquico%20do%20apenado.pdf. Consultado el 2 de octubre de 2023.

hablo de una crianza estricta, no abro precedentes para acciones de padres y madres autoritarios que maltratan a los hijos. En realidad, me refiero a padres y madres decididos a educar a los hijos de manera constructiva.

En la historia reciente, hay un ejemplo negativo de esta paternidad agresiva. La estrella Michael Jackson (1958–2009) reveló haber sufrido agresiones e incluso acoso por parte de su propio padre en la infancia.[23] En la adultez, Michael cortó relaciones con el "Viejo Joe Jackson". En este sentido, en el 2013 se divulgó en los medios brasileños[24] una investigación de las universidades de Pittsburgh y Michigan, en Estados Unidos, que afirma que reprender a los hijos con gritos e insultos puede causar los mismos daños psicológicos que una agresión física.

Con base en estos datos, que son una pequeña muestra de toda la gama disponible sobre el tema, es relevante no olvidar que este capítulo presenta la disciplina como un principio espiritual milenario e irrefutable. Retomemos, entonces, los dos conceptos de disciplina que forman parte de este principio. El primero es entender la disciplina como represión: personas o situaciones nos corregirán (no gritar, insultar o agredir). El segundo se refiere al rendimiento: hacer lo que se tiene que hacer, independientemente de nuestra voluntad.

Veamos un ejemplo. Si quieres tener un cuerpo tonificado, por estética o salud, tendrás que elevar tu nivel de disciplina y actuar de manera diferente a como lo haces hoy. Además, tendrás que adoptar una dieta restrictiva y tener horarios establecidos para comer. Y

---

23. Lopes, M. R. Entre pancadas e xingamentos, pai de Michael Jackson exigia perfeição. Disponible en: https://veja.abril.com.br/coluna/reveja/entre-pancadas-e-xingamentos-pai-de-michael-jackson-exigia-a-perfeicao. Consultado el 2 de octubre de 2023.
24. O Globo. Gritar com os filhos pode fazer tão mal quanto bater neles, diz pesquisa. Disponible en: https://g1.globo.com/bom-dia-brasil/noticia/2013/10/gritar-com-os-filhos-pode-fazer-tao-mal-quanto-bater-neles-diz-pesquisa.html. Consultado el 2 de octubre de 2023.

también tendrás que enfrentar al menos una hora diaria de entrenamiento en el gimnasio.

El resultado de esta suma es la disciplina. Comienza cuando consultas a un especialista. La persona que no ha cuidado de su salud durante muchos años, por ejemplo, consulta a un endocrinólogo y, con seguridad, será reprendida por él. Tras el análisis de una batería de exámenes, el médico hará preguntas adicionales y le indicará un plan que la persona deberá seguir, que incluirá una lista de tareas a cumplir y otra lista de cosas que no podrá hacer más.

Pasé por esto cuando fui a una nutricionista. Le hablé sobre mi alimentación y la profesional cortó diversos alimentos que me encantaba comer: "Esto no puede más. Este aquí, de ninguna manera". Esta es una forma de reprimenda, ¿logras captarlo? Un amigo mío, empresario exitoso de São Paulo, consultó a un médico porque tenía planes de entrenar hasta tener el cuerpo visiblemente definido. Quería, claro, hacerlo todo de manera saludable. El especialista preguntó sobre su alimentación y, al escucharlo, hizo la primera reprimenda: "Si quieres tener el cuerpo definido, no puedes comer este alimento. Porque produce azúcar, y el azúcar perjudica tus planes". Reprimenda.

Cuando se trata de cuidar la salud del cuerpo, la disciplina no termina ahí. Quien va al gimnasio escuchará del personal: "Cuidado con esa posición", "Lo estás haciendo mal", "Eso va a dañar tu rodilla", "Atención a la postura", "Tu espalda no aguantará". Reprimenda.

Hay muchas historias del Libro de la Sabiduría Milenaria que también demuestran esta verdad. En el capítulo 4 de este libro, ya contamos la historia de cómo el rey David deseó a la esposa del guerrero Urías mientras él estaba en la batalla. Después de cometer adulterio, David tuvo que cometer un homicidio indirecto. Una vez que Betsabé, esposa de Urías, quedó embarazada del rey, este ordenó que el guerrero fuera puesto al frente de la batalla para morir. ¡Error tras error!

Incluso un rey necesita corrección. El profeta Natán va a David y le muestra cómo él, que tenía todo lo que quería, codició a la esposa de un simple soldado. Cuando se da cuenta, el rey exclama: ¡He pecado contra el SEÑOR! (2 Samuel 12:13). David cometió un error grave, escuchó una dura reprensión de alguien con autoridad y se arrepintió de sus acciones. Reprimenda.

Citaré solo otra historia bíblica: la de la mujer adúltera. Algunos religiosos de la época encontraron a una mujer en flagrante adulterio. De acuerdo con la Ley, este crimen se castigaba con apedreamiento. Queriendo atrapar a Jesús en una trampa (hacer que se opusiera a la Ley), estos hombres llevaron a la mujer ante el Maestro y le preguntaron qué debían hacer con ella. La respuesta de él tiene mucho que enseñarnos sobre la corrección:

—*Aquel de ustedes que esté libre de pecado, que tire la primera piedra.*

[...]

Al oír esto, se fueron retirando uno tras otro, comenzando por los más viejos, hasta dejar a Jesús solo con la mujer, que aún seguía allí. Entonces él se incorporó y le preguntó:

—*Mujer, ¿dónde están? ¿Ya nadie te condena?*

—*Nadie, Señor.*

Jesús dijo:

—*Tampoco yo te condeno. Ahora vete, y no vuelvas a pecar.*

(Juan 8:7-11)

En una sola historia encontramos dos reprimendas efectivas. La primera fue dirigida a la multitud. En ese momento, el Maestro exhortó a la gente de que cada uno allí había cometido errores, no solo la mujer adúltera; entonces, todos serían también susceptibles de castigo. A la mujer le dijo que abandonara la vida de pecado que llevaba. La multitud desistió de apedrear a la mujer; y ella cambió de vida y se convirtió en seguidora de Jesús. Reprimenda y crecimiento. Así es como funciona, ¿verdad?

Está más que claro que para tener una vida de paz y prosperidad, con más aciertos que errores, debemos priorizar la práctica del principio de la disciplina. Mantente alerta: la reprimenda humilla tu ego y pisa tu orgullo. Es doloroso, pero es el mecanismo divino para acelerar tu crecimiento.

Sé lo que duele y también que nuestra mente intenta librarnos de este desafío. Después de conseguir algunos buenos resultados como empresario, necesité ser reprendido. No fue nada fácil, pero desarrollé mecanismos para lidiar con eso. Cuando alguien viene a reprenderme, lo primero que mi mente me hace pensar es: *¿Quién es esta persona para hablarme de esta manera?* Y yo mismo respondo a mi mente: *Bueno, esta es la persona que elegí para ser mi desencadenante de reprensión.*

> ## LA DISCIPLINA ES UNO DE LOS PRINCIPIOS MÁS DIFÍCILES DE CUMPLIR, YA QUE AFECTA MUCHO AL ORGULLO Y AL EGO.

Necesito confrontarme todo el tiempo. ¿Es así contigo también? Si no es así, créeme: debería serlo. Tenemos la tendencia humana de pensar que nuestros resultados son suficientes y por eso ya no necesitamos escuchar a las personas. Después de algunas conquistas, pensamos: *Ahora ya sé qué hacer.* ¡Cuántas tonterías inventa nuestro cerebro para intentar hacernos acomodar!

Las personas que elegimos como desencadenantes de represión siempre serán importantes, pues la represión hará la vida más ligera. Por más incómodo que sea ser reprendido, es necesario.

Si alguna vez has estado conmigo personalmente o has visto mis videos y fotos en las redes sociales, debes tener una idea sobre mi forma de vestir. Tal vez pienses que me visto bien. ¡Mi madre siempre me elogiaba, y Jeanine lo aprueba!

Bromas aparte, lo que quiero enfatizar es que solo me visto de esta manera porque fui reprendido por un amigo que sabía mucho sobre ropa, moda, sastrería y calzado. Me dijo que lo que usaba en ese momento no combinaba con quién era y con lo que hacía, ni dejaba una impresión positiva. Fui reprendido, acepté la represión y cambié mi forma de comprar y usar ropa.

Hubo otra ocasión en la que activé mis desencadenantes de represión. Fue una noche en la que conversaba con Jeanine y ella dijo algo que no he olvidado: "Hay mucha gente elogiándote y casi nadie reprendiéndote". Ella tenía razón y observé cuidadosamente todo lo que me dijo.

La represión acelera el crecimiento y te lleva a otro nivel.

No dejes de escuchar a las personas que Dios puso en tu camino para corregirte. Cuanto más ames la represión, más oportunidades tendrás de prosperar.

Cuantas más personas calificadas te llamen la atención, más ligera será tu peregrinación aquí en la tierra. No ignores esta verdad. Vale más que el dinero.

Sé bienaventurado y gana tiempo al cumplir el principio de la disciplina.

APRENDIENDO A AMAR LA REPRENSIÓN

Anteriormente, señalaste a algunas personas que estarían habilitadas para reprenderte. Ahora selecciona a tres de ellas para que realmente lo hagan. Ellas serán tu desencadenante de reprensión. Elige a una persona de cada categoría ("autoridad natural", "quien te ama" y "especialista en el tema") y dales autorización expresa para corregirte.

Después, anota tres objetivos que deseas alcanzar en los próximos 24 meses. Tus metas pueden ser en las áreas profesional, espiritual, financiera o física.

Ahora, describe cómo debe ser tu rutina para alcanzar esos objetivos. Recuerda el ejercicio de investigación sobre una persona genial para inspirarte. Sé realista también: debes proponer un plan que puedas cumplir. Anótalo a continuación:

¿A qué hora debo despertarme?

¿A qué hora debo acostarme?

_____

¿Cuánto tiempo voy a estudiar por día?

_____

¿Cuántas personas visitaré por día?

_____

¿Qué más haré durante el día?

_____

Al organizar las actividades y establecer personas autorizadas para reprenderte, será sencillo entender cómo la disciplina funcionará en tu vida. Llega a ser obvio. Ocurre que lo obvio necesita ser dicho, pues muchas veces lo olvidamos. Atiende a la necesidad de cumplir el primer ejercicio propuesto en este capítulo antes de pasar a los otros. Parece simple, pero es bastante complejo.

LA GENEROSIDAD PRODUCE

FRUTOS ETERNOS.

7

EL PRINCIPIO DE LA GENEROSIDAD: LA LEY ESPIRITUAL DE LA PROSPERIDAD

El que es generoso prospera;
el que reanima a otros será reanimado.
Proverbios 11:25

La ventaja de ser generoso es estar siempre feliz y contento. En toda situación encuentras el lado positivo de las cosas y aun ayudas a alguien.

Esta ley espiritual fue uno de los motivos por los que he llegado hasta aquí. Seremos recordados por lo que dimos y odiados por lo que tomamos de los demás. Mi estilo de vida siempre ha sido el de compartir lo que tenía y ayudar a quien no tenía nada. Sin duda alguna, esto me promovió.

La generosidad es una decisión, y yo elegí seguir por este camino desde temprano. Aprendí con mi padre, quien me instruyó en los principios milenarios, cambiando mi destino. Es claro que incumplí muchas instrucciones durante mi jornada. Como conté en el capítulo 2, no siempre fui verdadero. Ya hice cosas que estaban contra la sabiduría divina y me arrepiento amargamente. Sin embargo, algunas leyes espirituales, como esta que estamos estudiando ahora, no desobedecí.

Siempre que gano ropa o relojes, también doy ropa y relojes. Cuando puedo usar mi influencia para promover a quien está empezando de la manera correcta, lo hago. Cuando puedo contribuir con una causa humanitaria o social, contribuyo. La generosidad se manifiesta en el espíritu y da frutos en el alma. Es decir, comienza con tu madurez espiritual; pero los resultados son emocionales, como la felicidad y el sentido de propósito.

Así, la generosidad pronto se convierte en rutina, y todos los días y a toda hora vemos una oportunidad de ser generosos. Cuando voy a un restaurante y soy bien atendido, jamás incluyo solo el 10 % obligatorio para el camarero. Si en lugar de dar el 10 % doy el 15 % o el 20 %, ¿qué impacto tendrá en mi salud financiera? ¡NADA! Pero ¿qué cambiará en la vida de quien lo recibe? Muchas cosas. Principalmente en cómo se siente la otra persona.

La generosidad debe ser un estilo de vida, sin hacer acepción de personas. Sin embargo, hay cuatro grupos con los que, bíblicamente hablando, deberías ser intencionalmente más generoso:

+ pobres,

+ vulnerables (huérfanos, viudas, discapacitados),

+ quienes te enseñaron cosas en la vida (profesores, mentores y guías espirituales), y

+ Dios

Guarda una verdad en tu corazón: la generosidad siempre devuelve. Por eso quiero que aprendas este principio, pues al practicarlo tu vida será mucho más ligera.

Más bienaventurado es dar que recibir. Hechos 20:35, RVR95

UN LEGADO QUE PERMANECE

Voy a contar una historia que tiene una lección preciosa para enseñarnos. Es de un joven que tenía 20 años. Era heredero de una de las mayores fortunas del país y estaba impactado por una noticia que vio en la TV. Días antes, había perdido a su abuelo paterno, el patriarca de la familia que construyó un imperio tan rico que era difícil decir precisamente cuánto tenía en los bancos y en las cajas fuertes particulares.

El chico estaba sensible por la reciente pérdida. Toda información sobre muerte o entierro llamaba su atención y afectaba sus memorias y emociones. Pero no fue exactamente la noticia de otra muerte lo que lo tocó. Quedó impresionado por la conmoción que vio en las imágenes de la televisión. Un líder comunitario había fallecido tras sufrir un accidente, y el reportaje mostraba a personas llorando y desesperadas. Una señora entrevistada por la periodista, con visible y conmovedora emoción, dijo al micrófono: "¿Qué será de nuestros hijos ahora? Él no merecía esto, no lo merecía".

La noticia del telediario dio otra información que despertó aún más la curiosidad del joven: el cuerpo del líder comunitario sería enterrado al día siguiente en un cementerio cerca del centro de la ciudad. Apenas durmió esa noche. Pasó horas pensando: ¿quién habría sido ese hombre cuya muerte estaba generando desesperación en la comunidad? ¿Qué historia construyó? El joven pensaba y pensaba, y no veía la hora de que amaneciera el día.

Sí, estaba decidido a ir al entierro de ese desconocido. Algo le decía que eso lo ayudaría a encontrar la respuesta sobre cuál era el sentido de su propia vida. El joven ya había experimentado todo lo que el dinero podía comprar, pero aún se sentía sin propósito.

Por la mañana, se puso pantalones y camisa negros, una gorra del mismo color y, en lugar de ir a la universidad, fue al funeral. Inicialmente se mantuvo alejado para observar el movimiento de la gente. El llanto tocaba su corazón. El heredero estaba asombrado por la cantidad de personas que se aglomeraban para despedirse, y se preguntaba: "¿Por qué este hombre era tan amado? ¿Por qué tanto desespero? Estas personas son tan pobres. ¿No tienen más de qué preocuparse?".

Eran muchas las preguntas, y él quería las respuestas. La curiosidad poco a poco fue venciendo la timidez, y el joven decidió acercarse a las personas que se estaban despidiendo del muerto. Al escuchar las historias, se arriesgó a hacer algunas preguntas sobre el líder comunitario. Eran muchas memorias:

—¿Recuerdas cuando creó la escuelita de fútbol?

—Sí. Le gustaba decir que cada año evitaba que cien niños entraran en el tráfico.

—Nunca olvidaré su cumpleaños del año pasado.

—Sí. Fue hermoso lo que hizo.

—Qué idea, ¿no?

—¿Cómo fue eso? ¿Puedes contármelo? —el joven no pudo contenerse y preguntó.

—Sí, sí. Recibió un premio de una ONG por uno de sus proyectos. El premio era para él. Los fondos para aplicar en el proyecto ya estaban garantizados, pero también recibió un premio para él.

—Merecido, ¿no? —continuó el heredero.

—Sí. Entonces tomó ese dinero, compró botas de fútbol para algunos niños que iban a hacer pruebas en el club aquí cerca, y también ayudó a reformar la tiendita de la señora Mara.

— ¿Y para él qué compró?

—Nada. Mira allí a la señora Mara —dijo la mujer señalando a la vecina.

El chico miró y la reconoció: era la mujer que había dado una entrevista para la TV el día anterior. Agradeció la información y se acercó a los familiares del líder comunitario. La viuda acariciaba la cabeza del hombre inmóvil y decía:

— Te amaré por siempre. Enseñaré a nuestros hijos todo lo que tú enseñabas. Nadie nunca te olvidará.

Cuando el joven se dio cuenta, estaba llorando como los demás. Todavía se quedó una hora más en el velorio, pero dejó el cementerio antes de que comenzara el cortejo. Ya había encontrado la respuesta que buscaba.

Para él, fue imposible no comparar los testimonios que acababa de escuchar con los comentarios de familiares en el entierro de su abuelo. Los recuerdos eran diferentes, el legado completamente distinto, así como las emociones aún más. En esa mañana de lágrimas y recuerdos, aprendió que somos lo que hacemos, no lo que tenemos.

Su abuelo había sido un hombre bueno, pero no había marcado la vida de las personas. Solo la generosidad hace eso. Solo cuando contribuimos al crecimiento de alguien es que nos volvemos inolvidables.

> ES MEJOR SER RECORDADO POR EL TAMAÑO DE TU GENEROSIDAD QUE POR EL TAMAÑO DE TU CUENTA BANCARIA.

Pocos conceptos en la vida son tan poderosos como la generosidad. Y esto no está ligado a cuánto hemos invertido en acciones o al tamaño de nuestro patrimonio, sino a lo que tenemos en el corazón. La generosidad abre puertas que jamás serían abiertas con otra llave, y tiene el poder casi único de hacer que seas recordado por mucho tiempo, tal vez para siempre, por algunas personas.

Nadie olvida a quien lo ayudó en su momento de mayor necesidad. Nadie olvida una amabilidad de alguien que decidió pagar una cuenta en su lugar. Nadie olvida a una persona que siempre estaba más preocupada por las necesidades de los demás que por las suyas propias.

¿Alguna vez has sido objeto de la generosidad de alguien? Anota la situación en la que eso sucedió y cómo lo retribuiste. En caso de que no lo hayas retribuido, ¡piensa en alguna manera de agradecer por la gracia recibida!

Persona que me ayudó	Lo que recibí	Cómo me sentí	Cómo lo retribuí

Si pudieras ver mi lista de personas generosas, sin duda leerías el nombre de una mujer muy especial. Es imposible hablar de generosidad y no recordar a mi suegra, Ivelise Vieira de Carvalho (*in memoriam*). Jamás conocí a alguien que amara tanto darse a los demás como ella. Cuidé de ella hasta el final de su enfermedad, no porque estuviéramos unidos por parentesco, sino por la generosidad inexplicable que ella demostraba a cualquier ser humano que se cruzara su camino. Su legado permaneció y, por eso, le dedico este capítulo del libro.

GENEROSIDAD INTENCIONAL

Lamentablemente muchas personas no entienden la palabra "generosidad" como deberían. Hay quienes la confunden con abundancia financiera. Seguramente has escuchado frases como "¡Guau!

¡Qué generosidad!", dicha por alguien que recibió una gran cantidad de dinero como donación o bono. Lo contrario también es cierto. Escuchamos "¡Sé generoso!" de los labios de alguien que espera recibir más. Es importante tener en mente que esa es solo una de las formas de entender la generosidad, no la única.

Si la generosidad siempre equivaliera a una alta cantidad monetaria, la historia de la viuda que entregó una pequeña ofrenda en el templo no tendría sentido. El relato está en Lucas 21:1-4:

> *Jesús se detuvo a observar y vio a los ricos que echaban sus ofrendas en las alcancías del Templo. También vio a una viuda pobre que echaba dos moneditas de muy poco valor.*
>
> *—Les aseguro —dijo— que esta viuda pobre ha echado más que todos los demás. Porque todos ellos dieron sus ofrendas de lo que les sobraba; pero ella, de su pobreza, echó todo lo que tenía para su sustento.*

La mujer que fue a entregar la ofrenda era viuda y pobre. Esto la hacía doblemente vulnerable según el entendimiento judío, que ordena el cuidado del pobre, el huérfano y la viuda. Es decir, quien debería recibir donaciones es quien estaba donando.

Creo que en su corazón esa viuda ardía con el deseo de poder contribuir conforme la Ley judía indicaba. Entonces se arregló, tomó su ofrenda y salió de su casa para cumplir con su parte. Al llegar al templo, depositó dos moneditas. Jesús la observaba y sabía que esa pequeña cantidad era más valiosa que lo que los otros habían dado.

El Maestro no estaba hablando de valor monetario. Los ricos, claro, dieron mucho más. Es imprescindible comprender que el debate no gira en torno a la cantidad, sino a la intención. La generosidad está relacionada con el propósito del corazón, y el Libro de la Sabiduría Milenaria confirma esta premisa en las palabras del apóstol Pablo:

Ahora, hermanos, les damos a conocer la gracia de Dios que ha sido dada en las iglesias de Macedonia. Pues en medio de una gran prueba de aflicción, abundó su gozo, y su profunda pobreza sobreabundó en la riqueza de su liberalidad. Porque yo testifico que según sus posibilidades, y aun más allá de sus posibilidades, dieron de su propia voluntad, suplicándonos con muchos ruegos el privilegio de participar en el sostenimiento de los santos. (2 Corintios 8:1-4, NBLA)

Es conmovedor el ejemplo de generosidad que nos dan los cristianos del primer siglo. Vivían en tal comunión que compartían todo. Este, sin dudas, fue uno de los motivos por los que el evangelio se esparció tan rápidamente. Donde hay generosidad, hay progreso.

El Diccionario Aurélio de la Lengua Portuguesa afirma que "generosidad" es una "característica de la persona generosa, de quien se sacrifica en beneficio de otra persona; "bondad". Y define "generoso" como alguien que "es capaz de dejar de lado sus propios intereses para ayudar a otra persona. Que tiene buenos sentimientos. De buen carácter. Propio de la persona que actúa o piensa sin intereses propios". El Houaiss usa la palabra "virtud" para explicarla y, realmente, es una excelente elección.

Agrego una definición más: generoso es la persona que comparte con alegría. Es quien realmente tiene placer en dar y darse. Un buen ejemplo de este uso es cuando regalamos algo a alguien. Cuando compras un regalo de cumpleaños para una persona muy importante, como un hijo, tu cónyuge, padre o madre, ¿cómo se siente tu corazón? Feliz, ¿verdad?

Primero, quieres encontrar el regalo perfecto que alegrará y sorprenderá al cumpleañero. Sin embargo, no solo deseas sorprender, sino también hacer el bien. Entonces, tu corazón desborda de generosidad. ¿Ves cómo no tiene que ver con cantidad o valor monetario? Los padres de niños pequeños se regocijan cuando reciben la primera carta escrita con la letra del hijo: "Mamá, papá, te amo". La simple frase escrita en una hoja de papel es equivalente a una joya rara.

La generosidad fue probada y comprobada por el propio Jesús, el Maestro de maestros. Él vivía en los cielos, rodeado de gloria, al lado de Dios y accedió a bajar a la tierra, como un ser humano, para proveer salvación a toda la humanidad, lo que incluye a ti y a mí. Y como Él fue el mayor ejemplo que podemos seguir, su Palabra indica que debemos hacer lo mismo:

> *No hagan nada por egoísmo o vanidad; más bien, con humildad consideren a los demás como superiores a ustedes mismos. Cada uno debe velar no solo por sus propios intereses, sino también por los intereses de los demás.*
>
> *La actitud de ustedes debe ser como la de Cristo Jesús,*
>
> *quien, siendo por naturaleza Dios,*
> *no consideró el ser igual a Dios como algo a qué aferrarse.*
> *Por el contrario, se rebajó voluntariamente,*
> *tomando la naturaleza de siervo*
> *y haciéndose semejante a los seres humanos.*
> *Y al manifestarse como hombre,*
> *se humilló a sí mismo*
> *y se hizo obediente hasta la muerte,*
> *¡y muerte de cruz!* (Filipenses 2:3-8)

Eso sí es generosidad. La actitud de Jesús fue generosa al compartir valiosas enseñanzas con nosotros mientras vivió bajo estos cielos. Hablaba, tocaba y comía con personas que eran consideradas la escoria de la sociedad. En una ocasión el Maestro hizo un camino inusual para pasar por Samaria, tierra enemiga de los judíos de la época, y conversar con una mujer al borde de un pozo. El Nazareno quería demostrarle que el amor verdadero no estaba en ninguno de los hombres con los que ella se había involucrado (Juan 4:1-26). Generosidad pura.

También eligió como uno de sus discípulos a Mateo, el publicano, un hombre que aun siendo judío, trabajaba para los romanos cobrando impuestos de su propio pueblo, y por eso no era bien visto ni aceptado (Mateo 9:9). Generosidad, ¿logras captarlo? Para los hombres, Mateo no merecía ninguna atención, pero Jesús lo alcanzó.

En otra ocasión, un centurión, que era jefe de un grupo de soldados romanos, buscó a Jesús en aflicción porque uno de sus hombres estaba sufriendo mucho. A pesar de que era una petición de un opresor de su pueblo, Jesús curó al siervo del centurión (Mateo 8:5-13).

El Maestro también dedicaba horas a la enseñanza de sus discípulos, del grupo que lo acompañaba y de las multitudes que se reunían para verlo. No dejaba de lado las sinagogas y todavía compartía su sabiduría infinita con los maestros de la Ley.

¿Sabías que el mayor capital que tiene el ser humano es el propio conocimiento? Y Jesús entregó todo lo que tenía: sus valiosas enseñanzas, sus poderes milagrosos, pasó todo lo que tenía para el ser humano y lo hizo gratuitamente. En todo momento Él demostraba amor a través de la enseñanza, de tal manera que dejó lecciones preciosas para seguir su ejemplo de generosidad. Y, por último, aún nos prometió: *El que cree en mí también hará las obras que yo hago* (Juan 14:12).

La generosidad es una ley espiritual muy fuerte. Y siempre tiene que ver con la donación. El destino de este principio es la prosperidad interior. Siempre te sentirás completo donándote a los demás. Pero si haces esto esperando ser retribuido, ¡grande será tu frustración! Sé generoso, aunque las personas no agradezcan, aunque no lo merezcan. ¿Entiendes?

Esto significa que no solo debemos donar cosas, sino también donarnos a nosotros mismos. El libro de Génesis, en el capítulo 14, cuenta que al regresar victorioso de una batalla, Abram se encontró con Melquisedec, rey de Salem y sacerdote del Dios Altísimo. Los versículos del 18 al 20 registran que Melquisedec entregó pan y vino y bendijo a Abram con estas palabras: *Bendito sea Abram por Dios Altísimo, creador de los cielos y la tierra. Y bendito sea Dios Altísimo, que derrotó a tus enemigos por ti* (NTV). El pasaje bíblico continúa diciendo que Abraham le dio el diezmo de todo. ¿Por qué Abraham tenía que dar la décima parte? No voy a entrar en la cuestión religiosa aquí. Mi intención es reforzar que Abraham estaba feliz por haber vencido y decidió dar algo a alguien. Él eligió compartir, donar.

Algo similar ocurrió cuando Jacob le dijo a Dios que si Él, el Todopoderoso, lo protegía, daría el diezmo de todo lo que recibiera. Ve lo que está escrito en Génesis 28:20-22:

> *Luego Jacob hizo esta promesa: «Si Dios me acompaña y me protege en este viaje que estoy haciendo, si me da alimento y ropa para vestirme, y si regreso sano y salvo a la casa de mi padre, entonces el Señor será mi Dios. ²Y esta piedra conmemorativa que yo erigí será casa de Dios y de todo lo que Dios me dé, le daré la décima parte».*

Refuerzo y amplío aquí una advertencia importante: ser generoso no está ligado a dar objetos de valor o dinero. Eres generoso cuando donas tu tiempo, cuando prestas tus oídos, cuando te preocupas por alguien e intentas hacer lo posible para resolver el problema de esa persona. Es donarte a ti mismo. Dar dinero o algún objeto de valor a alguien es una materialización de la generosidad.

LAS ACCIONES REVELAN LO QUE HABITA EN EL CORAZÓN

Mientras escribo este libro, tengo dieciocho años de matrimonio con Jeanine. No podría pasar todo ese tiempo, cada 15 de julio (nuestro aniversario de bodas) diciendo solo "te amo" al amor de mi vida y madre de mis hijos. Un día, ella no lo creerá más. Por eso, guarda esta verdad:

LAS PALABRAS PIERDEN ANTE LA GENEROSIDAD MATERIALIZADA.

Después de todo, ¿cómo podría celebrar otro aniversario de bodas y no dar un regalo? El regalo, en este caso, es la materialización de la generosidad. Una demostración física y palpable de que me importa mi esposa, de que me preocupo y soy generoso con ella. Un corazón generoso tiene la posibilidad de hacer historia. Un corazón generoso es valiosísimo en el mundo espiritual.

El universo en el que vivimos no es solo físico. Hay muchas cosas que podemos tocar, como la computadora en la que escribo ahora. Sin embargo, hay otras cosas que nuestras manos no alcanzan y nuestros ojos no ven, pero nuestro cuerpo siente físicamente, como el calor del sol y la brisa del mar. Aún más: existe todo aquello que no vemos y no siempre se siente, pero está allí: el mundo espiritual. En este lugar, hay batallas, derrotas y victorias. Allí también hay acción. Y actuar con generosidad es actuar espiritualmente. El Libro de la Sabiduría Milenaria también habla sobre esto:

A los ricos de este mundo, mándales que no sean arrogantes ni pongan su esperanza en las riquezas, que son tan inseguras, sino en Dios. Él nos provee de todo en abundancia para que lo disfrutemos. Mándales que hagan el bien, que sean ricos en buenas obras, generosos y dispuestos a compartir lo que tienen. De este modo, atesorarán para sí un seguro fundamento para el futuro y obtendrán la vida verdadera. (1 Timoteo 6:17-19)

¿Recuerdas que comencé este capítulo con la historia de un joven que después de haber perdido a su abuelo, decidió ir al velorio de un desconocido para comprender el motivo de la conmoción por esa pérdida? Ese caso es un reflejo de la realidad.

Cuando mueras, si has sido un ser humano de bien, serás recordado por algunas personas que disfrutaron de lo que proporcionaste. Si has sido generoso, entrarás en la historia de muchos, porque nadie olvida a quien lo socorrió, quien lo ayudó, quien se donó. La generosidad genera legado.

Y el tiempo es un colador. Solo la verdadera generosidad, y no aquella que es un disfraz para ser mostrado al mundo, resiste a él. Años atrás, un empresario multimillonario y muy famoso apareció en las noticias por hacer pomposas donaciones a proyectos públicos. Ese hombre abrió sus cofres y entregó al gobierno de su estado verdaderas fortunas para patrocinar obras públicas. Según él, su objetivo era invertir en la ciudad en la que vivía y a la cual amaba, y así contribuir al bien de todos. Ese empresario se convirtió en sinónimo de prosperidad y generosidad; aparecía en portadas de revistas y siempre se le citaba como un gran ejemplo a seguir.

Sin embargo, el colador del tiempo es capaz de separar la verdadera generosidad de la falsa. Años después, surgieron escándalos de corrupción que involucraron a ese famoso empresario y al gobierno que recibió sus donaciones. Poco a poco, la verdad salió a la luz. Las donaciones voluminosas no fueron un acto de generosidad, sino una estrategia para conquistar la simpatía de la población, para crear el disfraz de buen hombre.

Era de esa manera que intentaba ocultar los desvíos de fondos públicos que hacía. Como mostraron las investigaciones, todo ese dinero donado acababa volviendo al bolsillo del falso generoso, mediante contrataciones ilícitas y, finalmente, un día terminó tras las rejas.

La generosidad es como una semilla de bondad: su fruto siempre será bueno. Si el fruto es podrido, es porque la persona no era sincera. Como Jesús nos enseñó:

> *Por sus frutos los conocerán. ¿Acaso se recogen uvas de los espinos o higos de los cardos? Del mismo modo, todo árbol bueno da fruto bueno, pero el árbol malo da fruto malo. Un árbol bueno no puede dar fruto malo y un árbol malo no puede dar fruto bueno. Todo árbol que no da buen fruto se corta y se arroja al fuego. Así que por sus frutos los conocerán.*   (Mateo 7:16-20)

Todo lo que parece, pero no es, un día se revela. Voy a repetir algo para ti: la generosidad está relacionada con la intención del corazón y no con el tamaño de tu donación.

¿Por qué, cuando alguien me pide un vaso de agua, no llevo también café? ¿Por qué? Si no puedes dar más, si no puedes hacer más, no hay problema y es comprensible. Ahora, si puedes hacerlo, ¿por qué no?

Hacer más de lo que se pide es prueba de generosidad y una instrucción mesiánica. El propio Jesús dijo que si hacemos únicamente nuestro deber, somos siervos inútiles (Lucas 17:10).

¿Alguna vez has actuado con generosidad y has hecho más de lo esperado? ¿Qué reacción causó? ¿Con qué frecuencia actúas así?

_____

_____

_____

Quiero que entiendas lo que he marcado a lo largo de este capítulo, di ejemplos de Jesús, Jacob, Abraham, ¿no es así? Eso significa que la generosidad es una marca de quien es espiritual. ¡Nunca digas que eres espiritual si no eres generoso!

Recuerda que el mayor ejemplo de generosidad del mundo y de todos los tiempos fue dado por el propio Dios, el Creador de los cielos y la tierra. En Juan 3:16 está registrado para siempre: *Porque tanto amó Dios al mundo que dio a su Hijo único, para que todo el que cree en él no se pierda, sino que tenga vida eterna.* El texto deja claro que Dios dio a su Hijo por amor a ti, a mí, a todos nosotros. Su corazón está tan lleno de amor que dio generosamente. Dar lo que te sobra es bueno y ayuda a quien lo necesita, pero dar con amor y alegría lo único que tienes es la mayor prueba de generosidad.

He tenido días muy felices en mi vida y uno de ellos fue en mi cumpleaños número 40, cuando mis padres, mi esposa, mis cuatro hijos y algunos de mis mejores amigos subieron a la plataforma del evento y testificaron con alegría en sus rostros: "Tiago es una de las personas más generosas que conocemos".

Con lágrimas en los ojos, agradecí a Dios por ser visto así. Me emocioné al pensar que cuando me vaya de este mundo, esa frase podría estar en mi lápida.

Amo donar y donarme a las personas. Parte de mis ingresos van a obras sociales, orfanatos, proyectos educativos e iglesias. Esta ha sido mi realidad desde que tengo uso de razón. Está funcionando hasta hoy, porque quien gana con la generosidad es el generoso.

LA BENDICIÓN DE BENDECIR

Por último, quiero contarte una historia que habla mucho sobre el impacto de la generosidad. Es de dos empresarios que eran muy amigos, cada uno en un ramo diferente. Solían intercambiar información, consejos y desahogos. Eran amigos de verdad, ¿me explico?

Sucede que un día, uno de ellos quebró financieramente. Tras una serie de negociaciones fallidas, las pérdidas tocaron a su puerta cobrando intereses, y lo dejaron al borde del precipicio.

Entonces buscó al amigo. Tuvo que enfrentar la vergüenza de la quiebra, el miedo al "no". Tuvo que remendar el orgullo herido. En el fondo, no tenía mejor opción. La amistad era tan sincera que jamás imaginó que el amigo se negaría a ayudarlo. Tenía la certeza de que encontraría apoyo y el tan necesario préstamo. Después de un emotivo relato de su situación actual, entre lágrimas, suplicó:

—Solo puedo contar contigo ahora… perdón por pedir esto, pero necesito ese dinero para salvar mi vida y evitar que mi familia lo pierda todo.

Meses después, tras un intenso proceso de recuperación, el entonces endeudado estaba de pie otra vez. No es fácil contener la crisis emocional después de "perderlo todo". Una cosa es no tener nada y vivir siempre sin tener. Otra cosa es saber cómo puede ser la vida cómoda, y de la noche a la mañana tener que vender el almuerzo para comprar la cena. O peor: no tener el almuerzo.

Pues bien, aquel hombre salió adelante, y meses después se encontró con el viejo amigo en una fiesta. En determinado momento, frente a su familia y a todos, pidió la palabra. Las personas se juntaron, hicieron silencio, y él miró al amigo. Fijó sus ojos en los suyos. Era visible su emoción cuando comenzó su breve discurso:

—No eres solo la persona que me prestó dinero y resolvió mi problema, eres el hombre que no permitió que pasara por la mayor humillación de mi vida.

El amigo que se recuperó financieramente estaba feliz y agradecido. El que fue generoso y estaba siendo honrado públicamente se dio cuenta de que había hecho mucho más que ayudar a una persona en apuros.

Él había sido generoso. Ayudó de corazón, sin esperar nada a cambio. Su decisión fue mucho mayor que el acto de prestar dinero. Protegió a un amigo y a su familia de su peor humillación. Eso no tiene precio. Eso el tiempo no lo borra. Además de hacerte especial, la generosidad te abre puertas y corazones.

PRACTICA LA GENEROSIDAD

La generosidad es una práctica diaria que puedes comenzar ahora mismo. Selecciona hasta diez personas para ayudar. Recuerda: no tiene que ser con objetos de valor, sino con gestos y actitudes, siempre que vengan del corazón. Al lado escribe lo que puedes hacer por ellas sin esperar nada a cambio. Después de dar estos primeros pasos, ¡transforma el principio de la generosidad en una rutina!

Persona a la que ayudaré   Lo que haré

1. _____   _____

2. _____   _____

3. _____   _____

4. _____   _____

5. _____   _____

6. _____   _____

7. _____   _____

8. _____   _____

9. _____   _____

10._____   _____

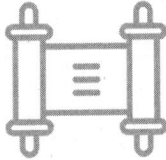

EL HONOR ES UNA
SEMILLA QUE NUNCA DEJA
DE DAR FRUTOS.

8

EL PRINCIPIO DEL HONOR: LA LEY ESPIRITUAL DEL RECONOCIMIENTO

Paguen a cada uno lo que corresponda: si deben impuestos, paguen
los impuestos; si deben contribuciones,
paguen las contribuciones; al que deban respeto, muéstrenle respeto;
al que deban honor, ríndanle honor.
Romanos 13:7

No sé si alguna vez has experimentado esto, pero la ley espiritual del reconocimiento trae recompensas, tanto materiales como emocionales. Cuando honro a quien me ha ayudado, ya sea con palabras o regalos, creo un desencadenante de reciprocidad en la mente de esa persona, y se vuelve dispuesta a ayudarme aún más. ¿Nunca lo has notado?

Japón, un país en el que he estado varias veces, enseña mucho sobre este tema. Respetar, dar preferencia al prójimo, preocuparse por no molestar a nadie, hablar en voz baja, usar palabras corteses y educadas: eso es lo que se encuentra en la isla del sol naciente.

Aunque es lógico, la mayoría de los seres humanos se resisten a este principio inmutable, y entiendo por qué. Todo lo que desafía nuestras emociones negativas y nuestro orgullo causa una fuerte resistencia interna. Tendemos a evitar aquello que nos confronta o nos moldea, aquello que nos disciplina y nos saca de nuestra zona de confort.

Honrar puede parecer adulación para quienes no tienen las cosas claras, puede herir la mente de quien es avaro y, por supuesto, puede desafiar la altivez típicamente humana. No es fácil seguir esta ley espiritual. Es demasiado celestial para ser comprendida fácilmente por nosotros, simples mortales. Sin embargo, al leer este capítulo debemos preguntarnos seriamente: ¿Queremos o no una vida más ligera y protegida aquí en la tierra? ¿Queremos vivir bien y tener éxito mientras estamos aquí? Si la respuesta es sí, el honor es el camino que debemos pavimentar.

¡HONRAR ES RECONOCER!

Reconocer no significa estar de acuerdo con todo, tampoco es convivir o siquiera "morir de amor". El honor ocurre cuando reconozco quién eres, lo que has hecho o lo que significas para mí. Existen niveles de honor, que serán discutidos al final de este capítulo. Para comenzar esta conversación, observa esta historia:

Cierto día, Celia abrió los ojos y se dio cuenta de que estaba en otro lugar. Todavía estaba en un hospital, pero era otro y muy diferente. Ahora estaba en una habitación privada, sin otros pacientes a su lado y, en cuanto pudo fijar la vista, reconoció a su hija, Cris. Celia se sorprendió, no esperaba ver a Cris allí.

—Cristina…

—Conseguimos trasladarte aquí.

—No era necesario.

—Sí, era necesario. Ahora tendrás el cuidado que mereces.

La relación entre las dos nunca fue buena. La madre jamás fue un ejemplo de cariño, de comportamiento, de cuidado, y nunca dio a la hija el amor que se espera recibir de quien la dio a luz. Las peleas se volvieron constantes cuando Cris entró en la adolescencia y empeoraron cuando Celia, en un acto de profundo desequilibrio emocional, vociferó que no había planeado el embarazo y que, en tres ocasiones, intentó abortarla.

Cris vivió por años con una mezcla de odio y rechazo en el pecho. Su propia madre había intentado matarla. Y no solo una vez, sino en tres ocasiones. Era un duro golpe en el corazón de una mujer que siempre quiso ser amada y sufría mucho con la completa ausencia del padre. En la etapa adulta intentó varias veces acercarse a su madre, pero las conversaciones siempre terminaban en pelea y estaban llenas de palabras llenas de maldición.

A pesar del dolor, Cris sabía que Celia era su madre y que le debía algo. Cuando supo que su madre tenía cáncer, empezó a buscarla más. Fue más paciente y determinada. Ya sin fuerzas para ser tan dura, Celia cedió un poco, pero nunca llegó al nivel deseado. Cris dejó de lado sus sentimientos y frustraciones para intentar ayudar a su madre. Era difícil enfrentar todo eso, pero siguió firme.

La hija corrió al hospital al saber que el estado de salud de su madre había empeorado y que tuvo que ser internada de urgencia. Al entrar en la unidad de salud, quedó perpleja ante la cruel realidad: Celia estaba en una sala común, prácticamente esperando la muerte. En un acto de nobleza, reunió fuerzas y recursos para trasladar a su madre a un hospital privado especializado en el tratamiento del cáncer.

—Este lugar debe ser muy caro.

—No es momento de pensar en eso, doña Celia. Lo importante es que estás siendo bien cuidada.

—¿Por qué estás haciendo esto?

—Soy tu hija...

—Pero tú sabes... yo nunca... yo no fui una madre...

—Tampoco es momento para eso. Necesitas descansar y no puedes emocionarte.

—¿Por qué estás haciendo esto, hija?

Cris se estremeció por dentro. Ya no recordaba la última vez que su madre la llamó "hija". Ahora estaba allí, frente a la cama del hospital, siendo llamada así.

— Eres mi madre. Me diste vida. Me cuidaste cuando no podía hacerlo. Ahora, voy a cuidarte a ti, mamá.

En ese momento de la vida, Cris sabía exactamente lo que estaba haciendo. No era por bondad de corazón ni altruismo. Estaba cumpliendo un principio, una ley espiritual.

Imagino que esta historia no es diferente de la que muchas personas enfrentan: relaciones difíciles con quienes debían proveer seguridad emocional en la infancia y adolescencia, para que la vida adulta pudiera ser saludable. Sin embargo, no todos logran reaccionar como Cris al saber que la persona que les causó dolor enfrenta un problema. Aunque tengan la posibilidad de ayudar, muchos se aferran al rencor y se alegran al recibir noticias de una enfermedad, quiebra financiera, problema de relación, o cualquier condición negativa.

En su carta a los romanos, Pablo de Tarso nos dejó una regla clara: *Paguen a cada uno lo que corresponda: si deben impuestos, paguen los impuestos; si deben contribuciones, paguen las contribuciones; al que deban respeto, muéstrenle respeto; al que deban honor, ríndanle honor.* (Romanos 13:7). Las enseñanzas de este pasaje del Libro de la Sabiduría Milenaria son preciosas y precisas. Fíjate que son ordenanzas: debemos pagar impuestos y tributos a quienes debemos pagarlos; debemos respetar a quienes merecen respeto; debemos dar honor a quienes tienen honor. ¡No se indica que estas prácticas sean interesantes o agradables, son órdenes que debemos cumplir!

En ese día de mucha aflicción y emoción, Cris decidió honrar a quien la dio a luz. Tal vez te preguntes: "¿Pero cómo puede darle honor a la mujer que intentó matarla?"; o: "Nunca más debería buscarla"; incluso: "Ese tipo de actitud no tiene perdón. ¿Cómo es posible que una madre haga eso?".

DECIDE PONER EN PRÁCTICA EL PRINCIPIO DEL HONOR PARA COSECHAR FRUTOS DE PROSPERIDAD Y PAZ.

Para responder a estas preguntas, debemos recurrir a un mandamiento que Dios entregó a Moisés en el desierto y que está registrado en Éxodo 20:12: *Honra a tu padre y a tu madre, para que disfrutes de una larga vida en la tierra que te da el Señor tu Dios*. Repetiré una información que he presentado a lo largo de este libro, pero que es esencial: fue el propio Dios quien dio los principios milenarios; están registrados y funcionan desde hace milenios. Honrar a los padres es un principio, un mandamiento, una ordenanza. Y sé bien que no todos los padres han sido buenos con sus hijos, lo que hace que este principio sea doloroso y desafiante de cumplir.

Para honrar a los padres no existe condición. En este caso específico, Dios no dice que honres a tu padre y a tu madre si han sido buenos contigo. Tampoco dice que les des honor si pagan tus estudios o te llenan de amor. ¡No! Nada de esto está en la Biblia. No hay ningún condicional ni término medio. Nada de lo que hicieron o dejaron de hacer justifica el incumplimiento de lo que está escrito. Existe una orden expresa de honrar tanto al padre como a la madre y punto. Honra es reconocimiento.

El texto de Romanos que cité hace poco fue escrito por Pablo de Tarso, un seguidor de Jesús que se convirtió en un verdadero ejemplo para aquellos que desean cumplir los principios milenarios. En el pasaje, está expandiendo algo que el propio Jesús había dicho: *Denle al césar lo que es del césar y a Dios lo que es de Dios* (Mateo 22:21), además del mandamiento de honrar a los padres. Cumplimos el principio del honor al pagar impuestos y tributos correctamente, y también al honrar y respetar a quienes tienen derecho a ello.

Junto con la fe, esta ley espiritual cambió mi vida. Salvo error, no recuerdo haber faltado alguna vez en mi vida al principio milenario del honor. He cumplido esta regla de oro y hoy cosecho los frutos que he sembrado durante muchos años. Este es el motivo por el que lo llamo "el Código Supremo".

IMPUESTOS, TRIBUTOS, HONOR Y RESPETO: TODOS FORMAN PARTE DEL CÓDIGO SUPREMO.

En la historia de Cris y Celia, el Código Supremo entró en acción cuando la hija buscó recursos financieros para colocar a su madre debilitada en un hospital privado, de manera que recibiera un tratamiento adecuado para su condición de salud, a pesar del historial de una relación conflictiva. Honra es reconocimiento. Honra es un principio infalible e inmutable. Honra es un código de conducta que funciona como blindaje espiritual de vida para quienes la practican.

El mundo en que vivimos está patas arriba cuando se trata de instrucción bíblica. Cada uno quiere vivir solo para sí, seguir el camino que considera mejor y hacer lo que le plazca. Sin embargo, en la regla de convivencia que ha dado resultados positivos durante los últimos milenios, todo intento de vivir para uno mismo ha terminado en desgracia. Cree en esto: tú y yo no seremos la excepción a la regla. No cumplir los principios milenarios conduce a la ruina.

Como sociedad, necesitamos despertar a lo que realmente funciona, pues no podemos cambiar el final de la historia del mundo: ya está escrito y determinado en las Escrituras. Los vencedores serán aquellos que amen y vivan de acuerdo con las orientaciones dejadas en el Libro Sagrado. ¿Lo puedes entender?

Reflexionemos nuevamente sobre el ejemplo de Japón. El país fue devastado al final de la Segunda Guerra Mundial, más específicamente entre los años 1942 y 1945. Aproximadamente ochenta años después, las escenas de destrucción causadas por las bombas atómicas que arrasaron las ciudades de Hiroshima y Nagasaki aún están en el imaginario de todo el mundo. Se estima que durante todo el periodo de combate murieron más de 2 millones de japoneses.[25] A pesar de eso, Japón se reconstruyó rápidamente basándose en el trabajo y en el honor. Este fenómeno fue llamado el "Milagro económico japonés", pues a finales de la década de 1960 el país ya había resurgido como potencia económica.[26] El honor siempre genera resultados positivos.

En uno de sus escritos, Pedro, el pescador de hombres que caminó con el Maestro de maestros, también habló sobre el honor: *Honren a todos, amen a los hermanos, teman a Dios, honren al rey* (1 Pedro 2:17, NBLA). Amén.

Cumplir el principio del honor no es fácil. Muchas veces tendrás que hacer algo bueno por alguien que no fue bondadoso contigo. Sin embargo, si tu decisión de vida es avanzar, crecer y evolucionar, no hay otra opción: necesitas cumplir esta ley espiritual.

¿A QUIÉN DEBEMOS HONRAR?

Escribo este capítulo con lágrimas, pues el principio del honor me permitió alcanzar el nivel de vida al que llegué. De acuerdo con el

---

25. Puede encontrar más información sobre el número de muertes durante la Segunda Guerra Mundial, que duró de 1939 a 1945, en: https://super.abril.com.br/historia/o-lado-b-da-segunda-guerra. Consultado el 20 de diciembre de 2023.
26. El contenido adicional sobre el tema está disponible en: https://pt.wikipedia.org/wiki/Milagre_econ%C3%B4mico_japon%C3%AAs. Consultado el 20 de diciembre de 2023.

Libro de la Sabiduría Milenaria, existen cinco categorías de personas que debemos honrar. No hay excepciones a la hora de conceder honor a estas personas. La orden es expresa, ¿recuerdas? ¡Honra y punto!

Cinco categorías de personas que debes honrar:

1. Dios.
2. A quien te ayudó.
3. A quien tiene honor.
4. Padre y madre.
5. Autoridades establecidas.

Veamos ahora algunos textos del Libro de la Sabiduría Milenaria que muestran a los cinco que son dignos de honor.

1. DIOS.

Solo podemos honrar a Dios temiendo su nombre. Esto implica no hacer las cosas que Él odia, no contrariar su voluntad ni desafiar sus designios. Debemos buscar humildemente en oración la orientación divina cada nuevo día.

> *Dice el Señor: [...] Yo honro a los que me honran y humillo a los que me desprecian.*   (1 Samuel 2:30)

> *Por tanto, al Rey eterno, inmortal, invisible, al único Dios, sea honor y gloria por los siglos de los siglos. Amén.*
> (1 Timoteo 1:17)

2. A QUIEN TE AYUDÓ.

Como la gratitud no tiene fecha de caducidad, no desprecies ni vuelvas la espalda a quien ya te ayudó, aunque hoy sea una responsabilidad difícil de llevar.

Paguen a cada uno lo que corresponda: si deben impuestos, paguen los impuestos; si deben contribuciones, paguen las contribuciones; al que deban respeto, muéstrenle respeto; al que deban honor, ríndanle honor. (Romanos 13:7-8)

3. A QUIEN TIENE HONOR.

Las personas con títulos o de relevancia emocional para ti merecen honor. En esta categoría se incluyen tu cónyuge, tus mentores, profesores y todas las personas que amas y consideras.

Ámense los unos a los otros con amor fraternal, respetándose y honrándose mutuamente. (Romanos 12:10)

Ustedes, maridos, igualmente, convivan de manera comprensiva con sus mujeres, [...] dándole honor por ser heredera como ustedes de la gracia de la vida... (1 Pedro 3:7)

4. PADRE Y MADRE.

Debería ser sencillo explicar este punto, pero no lo es. Debido a tantos abandonos, desatenciones, abusos y ausencias, honrar a los padres en nuestra generación no siempre es una tarea fácil. Madres narcisistas, padres ausentes, sufrimientos y traumas en la infancia nos hacen negar este principio. Lo entiendo. Pero reafirmo: nuestros sentimientos no pueden ser más fuertes que nuestros principios.

Honrar no es necesariamente convivir, estar de acuerdo ni siquiera debe ser por agrado. ¡Es reconocer!

Honra a tu padre y a tu madre, para que disfrutes de una larga vida en la tierra que te da el Señor *tu Dios.* (Éxodo 20:12)

Honra a tu padre y a tu madre, como el Señor *tu Dios te lo ha ordenado, para que disfrutes de una larga vida y te vaya bien en la tierra que te da el* Señor *tu Dios.* (Deuteronomio 5:16)

5. AUTORIDADES CONSTITUIDAS.

Este punto es polémico, lo reconozco. Al fin y al cabo, ¿cómo honrar a una persona que no soporto? Al igual que en el caso de los padres, no se trata de ser agradable o estar de acuerdo, sino de reconocer que si esa persona es una autoridad (sea un agente de tránsito o un ministro del Tribunal Supremo), fue la voluntad divina lo que la puso allí.

Todos deben someterse a las autoridades públicas, pues no hay autoridad que Dios no haya dispuesto, así que las que existen fueron establecidas por él. (Romanos 13:1)

Sométanse por causa del Señor a toda autoridad humana, ya sea al rey como suprema autoridad o a los gobernadores que él envía para castigar a los que hacen el mal y reconocer a los que hacen el bien. (1 Pedro 2:13-14)

Cada uno de estos textos bíblicos, además de muchos otros que podría citar, comprueban que debemos honrar a estas personas. Sin embargo, como dice el dicho popular: "Hablar es fácil, hacer es lo difícil". Es decir, ¡la honra exige sacrificios!

Ahora que he presentado a quiénes debemos honrar y expliqué qué es honra, reflexiona sobre este tema con relación a tu vida. ¿Alguna vez dejaste de cumplir este principio milenario? En caso afirmativo, ¿en relación con quién?

_____

_____

_____

Es tiempo de arrepentirte de tu error, pedir perdón y reiniciar la práctica del honor en tu vida.

> SI EL HONOR ES UNA ESCALERA,
> LA GRATITUD ES EL PRIMER PELDAÑO.

LOS DESAFÍOS DE ESTE PRINCIPIO

Como hijo de militar y pastor, fue fácil entender el principio del honor. La práctica, sin embargo, no fue, no es y nunca será fácil. Respiré el concepto de honor desde niño. Mi padre nos enseñó sobre ella desde siempre: "No desacaten a una autoridad", "Jamás hablen mal de quien está por encima de ustedes", "Agradezcan por cada puerta abierta", "Respeten a los mayores", entre muchas otras enseñanzas.

Tal vez no tuviste un padre que te enseñara y sientas que perdiste mucho tiempo. Sin embargo, no olvides que ahora estás aprendiendo sobre el Código Supremo y que tienes mucho tiempo de vida por delante para ponerlo en práctica. Ya sabes quiénes son las personas que deben ser honradas. También sabes que honrar es reconocer. Ya entendiste que nada puede impedirte practicar este principio milenario en relación con cada una de estas personas.

Voy a añadir ahora una información preciosa: el principio del honor acelera tus resultados. Decidiste cumplirlo y lo cumpliste, ¡va a suceder! Ten la certeza de una cosa: todas las personas que se están destacando de verdad en este momento ya han cumplido o cumplen el principio del honor. Puedes imaginar mil y una posibilidades que las llevaron al éxito; pero, sin lugar a dudas, son hombres y mujeres que honran a quienes deben ser honrados.

Recuerdo que fui a dar una conferencia en un evento en Brasilia. Al verme, una persona de la organización del congreso que —me da la impresión— quería parecer divertida para los colegas, disparó: "Miren quién está llegando: el marketinero. El tipo que llena cursos gracias al *marketing*". No esperaba ser recibido de esa manera. La situación no tenía ningún sentido, pero estaba ocurriendo.

EL PRINCIPIO DEL HONOR PROTEGE TUS RESULTADOS.

No tenía un equipo para cuidar de esa área en ese momento, así que le sonreí de una manera algo incómoda y respondí: "Mira, ni siquiera tengo un equipo de marketing. ¿Sabías que muchas personas no usan estrategias de marketing, ni siquiera tienen un equipo para eso, pero llenan eventos? Por otro lado, hay muchas personas que usan marketing y no logran llenar los eventos".

No hablé sobre mí ni sobre el evento en el que estaba en ese momento. Recurrí a casos de otras personas para fundamentar mi respuesta y cerrar el asunto. En el mismo instante en que escuché la provocación, entendí que no debía entrar en esa pelea. Recordé que quien tiene resultados menores que los tuyos intentará desmerecer tus logros por envidia o por cualquier otro sentimiento maligno. Guarda esta información valiosa: quien tiene resultados no tiene tiempo para charlas inútiles.

Luego fui al lugar que estaba reservado para mí y, en el momento en que fui invitado al escenario, honré mi palabra, mi compromiso y entregué la mejor conferencia posible. Me había sentido bastante molesto con la situación cuando ocurrió, pues fue una agresión verbal gratuita. Aun así, permanecí en el lugar y cumplí mi tarea con plena dedicación; después de todo: los principios son más grandes que los sentimientos.

Independientemente de la emoción que sientas, es tu obligación respetar a las cinco personas que, bíblicamente, merecen honor. Como dice el texto de Romanos 13:1, escrito por Pablo, todas las autoridades han sido establecidas por Dios. Ninguna persona que ejerce autoridad sobre ti está fuera de esta lista. Tu jefe es una autoridad constituida por Dios; tu profesora también lo es; el presidente de la empresa lo es; el presidente del país también. No importa si no votaste por quien está en el gobierno en este momento o si no lo soportas: toda autoridad ha sido constituida por Dios. No hay excepciones.

En el año 2009 yo aún trabajaba en el mercado del turismo. Mi empresa llevaba caravanas a Israel. Un día surgió un gran desafío: debía quedarme cincuenta días en Tierra Santa y recibir diversas caravanas. Debido a la cantidad de grupos cerrados, tuve que permanecer en Israel todo el tiempo. Un detalle de suma importancia en esta situación es que Julia, mi primera hija, tenía unos tres meses de edad. Ella y Jeanine fueron conmigo. Vivimos días bastante intensos y difíciles. La mejor hora de todo ese tiempo fue la de volver a casa y retomar nuestra rutina en Brasil. ¿Puedes imaginar nuestra alegría?

Volvimos en un vuelo que haría escala en Madrid, España. Como estábamos con un bebé en brazos, pasé dos días conversando con la aerolínea para conseguir asientos en la primera fila, pues en ese lugar del avión es posible colgar la cuna para bebés. Sentados allí, Julia podría viajar con mayor comodidad. Cuando recibí la confirmación de la empresa de que había disponibilidad, me sentí muy feliz.

La alegría duró solo hasta el embarque. Cuando entregué nuestros billetes en la entrada del embarque, una empleada informó que habían ocurrido actualizaciones en la información del vuelo y que nuestros asientos habían sido cambiados. Seríamos desplazados a la fila 28, muy lejos de la que habíamos contratado. Me quejé en ese mismo momento. Entiendo que ocurren imprevistos y que a veces es necesario cambiar los lugares, pero estábamos con un bebé en brazos. Fue una gran decepción y pedí que revisaran nuestra situación.

La empleada escuchó mi argumento y dijo: "Eso se resuelve dentro del avión". Ese es el tipo de respuesta que nos deja aún más inquietos, ¿verdad? Como no tenía otra opción, ya que los demás pasajeros estaban embarcando, seguimos nuestro camino y entramos en la aeronave. Tan pronto como pasamos por la puerta, hablé con la azafata que estaba en la entrada y le conté mi historia, le mostré a Julia, que estaba en brazos de Jeanine, y le pedí ayuda. ¿Sabes lo que ella me dijo?

—Siéntese, señor. Después del despegue, veremos qué hacer.

Ese viaje marcó mi vida y no fue de manera positiva. Parecía que estábamos viviendo una historia de película. Jamás olvidé la lección que aprendí en el aire camino a casa. Enfrentábamos una dificultad: el espacio entre las filas de asientos era demasiado estrecho; Julia era un pequeño bebé; Jeanine necesitaría amamantar a Julia; estábamos agotados después de pasar cincuenta días peregrinando por Israel con una recién nacida; queríamos simplemente tener un vuelo digno.

Pocos minutos pasaron y el avión despegó. Pronto alcanzó diez mil pies de altitud y el vuelo se estabilizó. Las azafatas que estaban en servicio comenzaron a servir la comida y no recibimos ninguna ayuda. Cuando una azafata se acercó durante el servicio de abordo, le recordé mi solicitud y expliqué nuevamente que estaba con un bebé en brazos y que había reservado los asientos en la primera fila. Ella fue breve y directa en su respuesta:

—Siga sentado. No se puede resolver.

Tan pronto como escuché esas palabras, me levanté y comencé a discutir con la azafata:

—¿No se puede resolver? ¿Cómo es eso? ¡Pagué por eso! —grité.

Mi cuestionamiento incisivo hizo que ella diera un paso atrás y llamara a la seguridad del vuelo. Esa fue una de las mayores humillaciones que he pasado en toda mi vida. Uno de los guardias me sujetó, me puso los brazos hacia atrás, como si estuviera arrestado, y me llevó al fondo del avión. Fueron largos minutos de humillación verbal. Luego vino un empleado que llevaba una gorra, imagino que era el copiloto del vuelo, y dijo:

—¿Quién es el joven que está causando problemas?

—Es este aquí —afirmó el guardia.

—Cuando lleguemos a tu país, te entregaremos a la policía.

—Pero no estoy haciendo nada malo —argumenté—. Solo quiero mi asiento.

Ellos me ordenaron que me callara. Dijeron que estaba creando demasiados problemas. Sin embargo, la verdad era que solo estaba buscando mi derecho al asiento reservado. La situación se prolongó. Con casi una hora de vuelo, aún estaba allí, en la parte trasera del Boeing, rodeado por esos hombres, hasta que uno de ellos propuso:

—Si quieres volver a tu asiento y estar con tu familia, tendrás que regresar allí, y desde el lugar de donde te levantaste y con el tono de voz que usaste para discutir, deberás pedir perdón a la azafata frente a todos los pasajeros.

La otra alternativa era terrible: quedarme detenido en la parte trasera del avión. En realidad, no tenía otra opción. Así que fui hasta la fila 28, miré a la azafata, una mujer de mediana edad que me miraba con una sonrisa sarcástica, tragué saliva y le pedí perdón.

Para mí, ese episodio fue lo más cercano que estuve de romper el principio del honor y de faltar al respeto a una autoridad. Sin embargo, aprendí allí una lección que llevaré siempre conmigo: siempre perderás si enfrentas a alguien que, en ese momento, es autoridad sobre tu vida. La derrota que enfrentarás puede ser inmediata, como lo fue la mía, o puede llegar algún tiempo después, pero ciertamente llegará.

¿Alguna vez has enfrentado a una autoridad y perdiste algo? Con base en lo que acabas de aprender, ¿cómo reaccionarías si la misma situación ocurriera nuevamente?

_____

_____

_____

ALGUNAS LÍNEAS DE ACCIÓN

Me gustaría concluir este capítulo presentando los niveles de honor que orientan mis acciones. Son el resultado de mis años de experiencia y son una guía para que continúe siempre cumpliendo el principio del reconocimiento.

LOS CUATRO NIVELES DE HONOR QUE PRACTICO:

1. Gratitud (decir gracias a quien hizo algo por mí).
2. Reconocimiento (ofrecer palabras y atención).
3. Materialización (ofrecer regalos o algo financiero).
4. Deuda de honor (reconocer a una persona que merece estar en mi lista eterna de los tres puntos anteriores).

La gratitud es el primer paso por dar. Es muy importante manifestar verbalmente (y no solo dejar implícito) nuestro agradecimiento a las personas que lo merecen. Esta es, incluso, una forma de "ganar" a una persona. Todos hemos pasado por situaciones en las que un simple "¡Gracias!" hizo toda la diferencia.

El reconocimiento es el nivel dos. Es cuando alguien hizo algo por mí que ahora merece mi tiempo, mi reconocimiento público y mi atención. El reconocimiento estrecha lazos y forja aliados. ¡No lo descuides!

La materialización es cuando entiendo que el favor que recibí se retribuye mejor con algún regalo, o cuando la persona que deseo honrar prefiere este tipo de demostración. Cuando recibimos un regalo, entendemos que esa persona dedicó tiempo pensando en qué ofrecer, se esforzó para encontrar algo adecuado, e incluso dispuso de sus recursos financieros para ello. Es una señal visible y concreta de la gratitud que brota del corazón.

Por último, el nivel final del honor es la deuda. Es cuando entiendo que sin esa persona mi vida no sería posible como lo es hoy. Por eso, estas personas deben ser honradas de diversas formas (palabras, reconocimiento y regalos) muchas veces. En mi caso soy deudor de mis padres, de mi esposa y de unas cinco personas que se cruzaron en mi camino en esta peregrinación terrenal y cambiaron mi historia. A ellos hago una confesión de deuda: siempre podrán contar conmigo.

Con base en mi trayectoria personal y en el análisis de la vida de muchas personas exitosas y fracasadas, así como en el estudio de la Sabiduría Milenaria, puedo afirmar que el éxito financiero y el reconocimiento se liberan por el código del honor.

Observa lo que el rey Salomón escribió en Proverbios 20:3: *Es honra para el hombre evitar las discusiones, Pero cualquier necio se enredará en ellas.* Esta traducción es de la versión bíblica *Almeida Corrigida Fiel.* En otra, la *Nueva Versión Internacional,* leemos: *Honroso es al hombre evitar la contienda, pero no hay necio que no inicie un pleito.*

Romper la ley espiritual del honor significa abrir las puertas a la contienda. Por lo tanto, si quieres evolucionar, evitar problemas y vivir días de gloria, comienza hoy a cumplir el Código Supremo. Esta ley existe desde hace milenios y nunca ha fallado. Te llevará a otro nivel.

Ser considerado un ser humano honorable y de honor te dará un reconocimiento jamás imaginado por ti.

¡PONIENDO EN PRÁCTICA!

Ahora que has aprendido la importancia del principio del honor, y también cómo aplicarlo en tu vida, ¡es hora de practicar! En los días posteriores a la lectura de este capítulo, busca formas de honrar a las personas, de acuerdo con los niveles discutidos aquí. Luego vuelve a este espacio para describir la situación y la consecuencia positiva de tu acto.

GRATITUD

Persona a quien honré:

_____

Situación:

_____

_____

_____

Consecuencia:

_____

_____

_____

RECONOCIMIENTO

Persona a quien honré:

_____

Situación:

_____

_____

_____

Consecuencia:

_____

_____

_____

MATERIALIZACIÓN

Persona a quien honré:

_____

Situación:

_____

_____

_____

Consecuencia:

_____

_____

_____

DEUDA DE HONOR

Persona a quien honré:

_____

Situación:

_____

_____

_____

Consecuencia:

_____

_____

_____

Personas que están en mi lista de deuda:

_____

_____

_____

NEGAR EL PERDÓN ES
ENCARCELARSE
A UNO MISMO EN UNA
CELDA.

9

EL PRINCIPIO DEL PERDÓN: LA LEY ESPIRITUAL DE LA LIBERACIÓN

Pedro se acercó a Jesús y preguntó: —Señor, ¿cuántas veces tengo que perdonar a mi hermano que peca contra mí? ¿Hasta siete veces? —No te digo que hasta siete veces, sino hasta setenta veces siete contestó Jesús—.
Mateo 18:21-22

¿Cuántos de ustedes están sin hablar con alguien o necesitan perdonar a quien les hirió?

El perdón es un tema complejo, lo que contribuye a que sea muy mal entendido. Al contrario de lo que muchos piensan, perdonar no es validar o aprobar lo que el otro hizo. No es entender, en el sentido de ser comprensivo, lo que hicieron contra ti. Tampoco es justificar la acción del otro, ofreciendo explicaciones y atenuantes. Perdonar es quitar el resentimiento del propio pecho: es liberarse.

Presta atención: perdonar no es aceptar a la persona y volver a relacionarse. Perdonar es liberar espiritualmente a quien actuó mal y dejar tu corazón en paz para seguir adelante con tu vida.

El Libro de la Sabiduría Milenaria contiene una parábola, contada por Jesús, que ilustra una de las principales características del perdón. Está registrada en Mateo 18:23-35, donde leemos sobre un siervo que debía mucho dinero al rey, quien terminó perdonando a su deudor. Sin embargo, cuando el siervo salió a la calle, encontró a una persona que le debía un poco de dinero.

El siervo que acababa de tener una gigantesca deuda perdonada no actuó con la misma generosidad. Al encontrar a su deudor, lo cobró con agresividad y, como no recibió lo que se le debía, mandó al hombre a la prisión. El caso llegó a oídos del rey, quien se extrañó por toda la situación. Él había perdonado una gran deuda del siervo, pero el siervo no perdonó una deuda mucho menor. ¡No tenía sentido!

Indignado, el rey mandó buscarlo y lo castigó severamente. El pasaje de Mateo cuenta que el monarca dijo: ¡*Siervo malvado!* —*le dijo*—, *te perdoné toda aquella deuda porque me lo suplicaste. ¿No debías tú también haberte compadecido de tu compañero, así como yo me compadecí de ti?* (vv. 32-33). A continuación, el hombre fue arrojado a la prisión y entregado *a los carceleros para que lo torturaran hasta que pagara todo lo que debía* (v. 34).

EL PERDÓN ES EL ÚNICO PRINCIPIO MILENARIO QUE ES CONDICIONAL. SOLO ERES PERDONADO SI TAMBIÉN PERDONAS.

El Maestro contó esta parábola para enseñar una lección desconcertante: el perdón de Dios es una deuda muy alta y lleva una condición. En Mateo 18:35 Jesús concluye la parábola diciendo: *Así también mi Padre celestial los tratará a ustedes, a menos que cada uno perdone de corazón a su hermano.* Es exactamente lo que has leído.

¿Recuerdas la oración del Padrenuestro enseñada por Jesús? La lección de la condicionalidad del perdón está allí también: *Perdónanos nuestras ofensas, como también nosotros hemos perdonado a nuestros ofensores* (Mateo 6:12). Jesús llevó esta verdad hasta la cruz, la peor forma de tortura y muerte de su época. Clavado en el madero, el Maestro, en sus últimos momentos de vida en carne y hueso, miró a los que lo azotaban, se burlaban de él y deseaban su muerte; también observó a los perversos que desgarraron su espalda con latigazos, que lo insultaron, que dudaron de su divinidad, y pidió que todos ellos fueran perdonados. Jesús miró al cielo y dijo: *Padre, perdónalos, porque no saben lo que hacen* (Lucas 23:34).

Jesús no es mentiroso ni jugó con este asunto tan serio. El Nazareno dijo la verdad: ellos no sabían lo que estaban haciendo. Ese fue el motivo por el cual el Maestro liberó el perdón en el momento, inmediatamente, sin pensarlo dos veces.

ES NECESARIO SER SABIO PARA PERDONAR.

Perdonamos porque también necesitamos perdón. Para reflexionar sobre esta importante reciprocidad, elige a una persona de tu círculo íntimo a quien hayas tenido que perdonar y de quien también hayas tenido que pedir perdón. Describe estas situaciones mientras reflexionas sobre cómo el perdón, en ambos sentidos, fue necesario para que la relación prosperara.

_____

_____

_____

EL PERDÓN ES SEÑAL DE MADUREZ

Probablemente conoces la historia de José, que se narra a partir del capítulo 40 del libro de Génesis. ¡Este es uno de los personajes más interesantes de la Biblia! Él era hijo de Jacob y Raquel, la esposa por quien Jacob trabajó 14 años, y desde joven mostraba señales de que tendría un futuro grandioso. Pero José no era muy popular entre sus hermanos. Esto se debía a que, además de ser el favorito del padre y recibir regalos especiales del patriarca, también contaba a todos que tenía sueños en los que los hermanos mayores se arrodillaban ante él (lo cual era una actitud algo imprudente, ¿no es cierto?).

Impulsados por la envidia, los hermanos lo venden como esclavo y le dicen a su padre que José había muerto. A partir de ese momento, la vida de José se transforma en una verdadera jornada de héroe. Termina en la casa de Potifar, un oficial de Egipto. Todo lo que José hacía prosperaba, y el rico egipcio no tarda en promoverlo a administrador de toda su propiedad. Pero la esposa de Potifar lo acosa, y cuando José rechaza sus avances, ella miente y logra enviarlo a la cárcel.

Allí José permanece por algunos años, pero la Biblia relata que Dios estaba con él, y por eso el carcelero lo trató con bondad, convirtiendo a José en una especie de encargado en la prisión. Durante ese tiempo, José también interpreta los sueños de exempleados del propio Faraón. Uno de esos sirvientes es readmitido en el palacio, y se acuerda de José tiempo después, cuando el Faraón busca a alguien que pueda interpretar sus enigmáticos sueños.

José interpreta correctamente los sueños, el Faraón percibe que él tenía la bendición de Dios sobre su vida y decide promoverlo a gobernador de todo Egipto. Este ya no es el joven imprudente que contaba sus grandes sueños a sus hermanos, sino un hombre probado por la vida y exitoso. Fue un gobernador diligente, recorriendo todas las tierras egipcias y preparando reservas de trigo en tiempos de abundancia.

¡Hay mucho que podemos aprender aquí! José se volvió maduro, era íntegro independientemente de las circunstancias, disciplinado y nunca faltó al principio del honor, respetando todas las autoridades constituidas. Sin embargo, quiero llamar la atención sobre el aspecto más sorprendente de su historia: el perdón.

Cuando el hambre azotó las tierras de toda la región, los hermanos de José fueron a Egipto a buscar alimento. Sin reconocerlo, se inclinaron ante el gobernador del Faraón, con la intención de comprar trigo, cumpliendo así el sueño. Pero José los reconoció de inmediato. Si estuvieras en su posición, ¿qué harías? Aquellos que te vendieron como esclavo estaban ahora delante de ti, en posición de humildad, en una situación vulnerable. Tan solo con una orden podrías expulsarlos para que regresaran a su tierra con las manos vacías. Un comando tuyo significaría una sentencia de muerte para quienes te hirieron. Sin embargo, José optó por un camino diferente.

Después de algunos encuentros, en los que ocultó su identidad, José finalmente revela la verdad a sus hermanos y afirma: *Fue Dios quien me envió aquí, no ustedes. Él me ha puesto como asesor del faraón y administrador de su casa, y como gobernador de todo Egipto* (Génesis 45:8). Emocionado, besa a cada uno de ellos y ordena que traigan pronto a Jacob, su padre, para que esté cerca de él.

José no guarda rencor por los infortunios que tuvo que enfrentar. Asume su pasado con paz, entendiendo que solo alcanzó esa posición de autoridad porque sus hermanos, muchos años antes, lo vendieron como esclavo. Esto no disminuye ni deshace el error de aquellos que debían protegerlo. Pero José elige mirar hacia el futuro: porque era gobernador de Egipto, podía salvar la vida de sus hermanos y de su padre. En ese encuentro emocionante, afirma:

> Pero ahora, por favor no se aflijan más ni se reprochen el haberme vendido, pues en realidad fue Dios quien me mandó delante de ustedes para salvar vidas. Desde hace dos años la

región está sufriendo de hambre y todavía faltan cinco años más en que no habrá siembras ni cosechas. Por eso Dios me envió delante de ustedes: para salvarles la vida de manera extraordinaria y de ese modo asegurarles descendencia sobre la tierra.
(Génesis 45:5-7)

Si no se hubiera dado el perdón inmediato por parte de José, no habría destino profético. Si no hubiera perdón, la continuidad de la vida no sería posible. Como dice el dicho popular, el resentimiento es un veneno que bebemos esperando que el otro muera.

EL PERDÓN ES UNA FUENTE DE VIDA

El perdón es una obra espiritual y emocional que libera todas las demás áreas de nuestra vida: financiera, familiar, profesional y de relaciones. La propia ciencia confirma la importancia del perdón para la salud. En el 2014, la revista *Galileu* publicó un reportaje que enumeraba ocho beneficios del perdón:[27]

1. PERDONAR INCONDICIONALMENTE PUEDE HACERTE VIVIR MÁS.

Las personas que practican el perdón solo cuando la parte ofensora ofrece una disculpa, tienden a morir más jóvenes que las personas que perdonan incondicionalmente. Al fin y al cabo, esperar la iniciativa del otro puede llevar toda una vida. Es mejor para nosotros mismos liberar el perdón que alimentar el resentimiento.

2. PERDONAR TE HACE MENOS NERVIOSO.

El resentimiento, además de un peso emocional, es también un peso físico. Cultivar el rencor provoca otros sentimientos negativos como la

---

27. Oliveira, André Jorge de. 8 razões pelas quais o perdão faz bem pra sua saúde: perdoar alivia o stress, reduz a pressão arterial e fortalece o sistema imunológico: todo mundo ganha ao fazer as pazes. En: *Galieu*. Disponible en: https://revistagalileu. globo.com/Sociedade/Comportamento/noticia/2014/11/8-razoes-pelas-quais-o-perdao-faz-bem-pra-sua-saude.html. Consultado el 27 de octubre de 2023.

tristeza y la irritación, y causa un aumento en reacciones físicas como el sudor, la tensión de los músculos faciales, la presión arterial, entre otros.

3. MEJORA TU SALUD EN TODOS LOS SENTIDOS (¡INCLUSO EL SUEÑO!).

Perdonar hace una verdadera limpieza en nuestras emociones negativas, reduciendo "sentimientos y patologías perjudiciales para la salud como la tensión, la ira y la depresión". Así, el acto del perdón está directamente relacionado con nuestro bienestar general.

> NO HAY DESTINO PROFÉTICO SIN
> PERDÓN VERDADERO.

4. HACER LAS PACES TE AYUDA A PERDONARTE A TI MISMO.

De acuerdo con el artículo, cuando somos nosotros quienes necesitamos el perdón, pedir disculpas a quienes ofendimos contribuye mucho a que nos perdonemos a nosotros mismos y seamos capaces de dejar el pasado atrás. Cuando niegas el perdón a alguien, impides que esa persona también siga adelante.

5. TU CORAZÓN TE LO AGRADECE.

Investigadores afirman que la reconciliación disminuye la presión arterial tanto para quien perdona como para quien es perdonado. Aquí entra también el principio de la generosidad: perdonar es un acto de liberación para ti y para los demás.

6. PUEDE TRAER BENEFICIOS AL SISTEMA INMUNOLÓGICO.

En un estudio con pacientes de una enfermedad autoinmune, los investigadores descubrieron que aquellos que perdonaban producían un mayor número de células importantes para el sistema inmunológico. Así que, ¡cuidado! El rencor es un verdadero vampiro de la vida.

7. PUEDE FORTALECER TU RELACIÓN DESPUÉS DE UNA TRAICIÓN.

Perdonar a quien te traicionó puede ser la clave para salvar o incluso fortalecer tu relación. Los investigadores afirman que en parejas donde hubo traición, el perdón verdadero facilitó el proceso de recuperación y garantizó mayor satisfacción en la relación.

8. QUIEN PERDONA PUEDE PROTEGERSE DEL ESTRÉS A LARGO PLAZO.

Tener la habilidad de perdonar puede protegernos del estrés mental. Así, tener el perdón como estilo de vida mejora nuestra salud física y mental.

Son muchos los beneficios, ¿verdad? Solo por ellos, deberías ser un gran adepto de esta práctica. Sin embargo, la cuestión espiritual que está detrás del perdón es el mayor motivo de todos: el perdón es una ley espiritual que escribe tu futuro y borra tu pasado.

Por eso es primordial recordar lo que Jesús enseñó: si no perdonas a quien te hirió, Dios, que está en los cielos, tampoco perdonará tus pecados: *Porque si perdonan a otros sus ofensas, también los perdonará a ustedes su Padre celestial. Pero si no perdonan a otros sus ofensas, tampoco su Padre perdonará a ustedes las suyas* (Mateo 6:14-15).

La complicación existente en las cuestiones relativas al perdón es que esta ley espiritual afecta completamente la razón y la emoción. Afecta la razón porque entiendes que no tienes que perdonar a una persona que te hizo daño. Ella está equivocada. Y afecta la emoción porque tus sentimientos quieren herir a la persona, no perdonarla. Sin embargo, la única forma de liberarte emocional y espiritualmente y ser capaz de seguir adelante con tu vida es perdonando.

EL PERDÓN ES LIBERADOR

La escritora Joyce Meyer, una de las mayores predicadoras de las Escrituras en la actualidad, cuenta en sus libros y conferencias que sufrió abusos sexuales por parte de su propio padre. Hoy, a los 80 años, influye en multitudes con su mensaje, y es un ejemplo vivo de que el perdón vale la pena, aunque la otra persona no lo merezca. De la misma manera, no merecíamos el perdón por nuestros pecados, pero Dios decidió perdonarnos al entregar a su único hijo para morir en nuestro lugar en la cruz.

EL PERDÓN ES UNA EXIGENCIA ESPIRITUAL.

El perdón es transformador, pues es la única ley que desata tu pasado y te desprende de quien te hizo daño. Es una liberación. Así que, presta mucha atención a esta verdad: el perdón no es una opción para quien quiere vivir en paz y prosperidad. No es una opción para quien quiere tener una vida más ligera aquí en la tierra. El perdón es una exigencia espiritual e ilimitada.

El Libro de la Sabiduría Milenaria nos enseña sobre esto: *Si tu hermano peca, repréndelo; y si se arrepiente, perdónalo. Aun si peca contra ti siete veces en un día, y siete veces regresa a decirte que se arrepiente, perdónalo* (Lucas 17:3-4). Y también: *Quien encubre su pecado jamás prospera; quien lo confiesa y lo deja, alcanza la misericordia* (Proverbios 28:13). Así que no olvides pedir perdón también.

El perdón es tu pasaporte para el futuro, porque entre un pasado de dolor y un futuro de paz, existe un presente de perdón. Recuerdo una película que ilustra muy bien esta cuestión. Se trata de *Una cuestión de fe* (Kevan Otto, 2017), un drama que aborda la historia de tres familias de diferentes culturas, pero que viven en el mismo vecindario. Los personajes, completamente extraños entre sí, tienen vidas muy distintas, pero sus caminos se cruzan por dos tragedias.

El hijo menor de una de las familias es atropellado y muere. La hija de otra familia necesita un trasplante de corazón. Y la hija de la tercera familia, al usar el celular mientras conducía, atropella y mata a un niño y es encarcelada. David Newman, el padre del niño atropellado, también es pastor.

En cierto momento de la película, él cuenta cómo reaccionó a la muerte de su hijo Erik: "A veces, la tragedia ocurre en nuestras vidas y, en lugar de correr hacia Dios, nos enfadamos tanto que intentamos huir de Él lo más rápido posible, y sé que esto es verdad porque me sucedió a mí". El personaje describe cómo el perdón parecía una alternativa imposible y cómo se enfadó con el propio Dios por la tragedia.

¡Imagina el dolor de un padre que tuvo que enterrar a su propio hijo! Sabemos que lo natural es que los hijos entierren a sus padres, no al revés. Ese podría haber sido el fin para David. Podría haber vivido el resto de sus días en dolor, recordando la muerte de su hijo, enojado con el Creador. Pero este hombre afligido hizo algo diferente. El personaje continúa:

"Me enfadé con Él, con Dios, y acabé huyendo de Él. Pero hoy no. Hoy correré hacia Él. Correré hacia Dios lo más rápido que pueda. [...] Quiero testificar el hecho de que Dios ha transformado un corazón. Y de esa transformación nació algo increíble".

Entonces, frente a toda la congregación, David llama al frente a María, la hija de la tercera familia, que había matado accidentalmente a su hijo. La toma de la mano, invita a su propia familia a unirse a él y proclama el perdón sobre la vida de esa joven. David también declara: "Rezo para que tu corazón no cargue más con el peso de la tragedia de ese día, porque el perdón de Dios nos es dado a todos a través de la sangre de Jesucristo". Con esas palabras, David no solo estaba liberando a María de su culpa, sino que también se estaba liberando a sí mismo y a su familia, hacia un futuro lleno de propósito.

En medio del dolor de la pérdida, el pastor y su familia optaron por donar los órganos de su hijo, y es el corazón de Erik el que salva la vida de la hija de la segunda familia, que necesitaba desesperadamente una donación. En el discurso que da a la congregación, David anuncia la creación de un instituto para incentivar la donación de órganos y también para concientizar a los conductores sobre el riesgo de conducir y usar el celular al mismo tiempo.

No quiero ni intentar imaginar el tamaño del dolor de un padre que pierde a un hijo. Sin embargo, el enfoque de la película está en el poder del perdón, que transformó el dolor de la pérdida en un ministerio para ayudar a salvar otras vidas. El perdón también posibilitó un futuro para María, una joven prometedora que por un descuido causó una tragedia.

EL PERDÓN ES UN ACTO DE VALENTÍA

Puedes pensar que historias así ocurren solo en la ficción. Sin embargo, cuando investigaba para escribir este libro, encontré reportajes que prueban lo contrario, como la de un padre que perdonó al tirador que mató a su hijo.[28] Recientemente, en un ataque a una guardería, el padre de una de las víctimas conmovió al país al perdonar al asesino de su hijo Bernardo. Lo que lo motivó a ello fue precisamente la enseñanza que Jesús nos dejó. Observa lo que declaró este padre afligido:

Yo perdono la vida de esta persona. No la conozco, nunca la he visto, no sé quién es, pero yo, como cristiano, pido a Dios que consuele mi corazón para lidiar con esta situación. [...] Agradezco a Dios por todos los momentos que tuve con mi hijo. A partir de hoy, su memoria será honrada en mi corazón...[29]

---

28. Consulta la noticia en: https://gauchazh.clicrbs.com.br/geral/ noticia/2017/10/vitimas-de-atirador-de-goiania-sao-enterradas
29. "Pai de vítima da creche em Blumenau emociona a todos ao dizer que é cristão e perdoa o criminoso". Publicado por *Cristão também pensa* em 2023. Disponible en: https://www.youtube.com/watch?v=FondRaT9tOE. Consultado el 27 de octubre de 2023.

El perdón es un acto extremadamente valiente. Es necesario un valor extremo para declarar en televisión nacional que perdonas al victimario de tu hijo que acaba de ser asesinado. Y, espiritualmente hablando, es un acto generoso y obligatorio, pues esa es la única forma de beneficiarnos de la ley espiritual que nos garantiza recibir nuestro perdón.

Este es un enseñamiento tan importante que vale la repetición: así como Jesús nos perdonó, debemos perdonar a quienes pecaron contra nosotros. Observa otro texto bíblico que enfatiza esta verdad: *De modo que se toleren unos a otros y se perdonen si alguno tiene queja contra otro. Así como el Señor los perdonó, perdonen también ustedes* (Colosenses 3:13).

Las personas que perdonan "de la boca para afuera", es decir, disimulan el principio del perdón, siguen aprisionadas y atormentadas. ¡No vivas así! Ya sea para liberarte de la amargura, ya sea para liberarte del peso, ya sea para recibir el perdón que Dios tiene para darte, perdona a quien necesitas perdonar. Sé la persona que da el primer paso hacia la reconciliación.

En el ámbito cristiano es común escuchar un dicho que dice: "No hay nada que hayas hecho o que puedas hacer que sea tan malo como para que Dios deje de amarte". Absorbe esta verdad y ponla en práctica en relación con quienes han pecado contra ti.

Si la persona a quien necesitas perdonar o pedir perdón ya ha muerto, realiza un acto simbólico. Abraza a alguien como si fuera esa persona y libera o pide perdón. Repito: es un acto simbólico, pero liberará tu corazón. Si consideras que el tema es demasiado íntimo para exponerlo a alguien, escribe una carta de perdón que luego puedes destruir.

Si puedes buscar a la persona a quien necesitas perdonar o pedir perdón, ¡no lo pienses dos veces! Envía un mensaje de texto, di que has reflexionado sobre todo lo que ocurrió y que te gustaría resolver la situación de una vez por todas. Aunque la culpa no sea tuya, toma esta iniciativa. Tu decisión cambiará todo de ahora en adelante; pues, al pedir o liberar perdón, recibirás el pasaporte para un futuro más ligero y feliz.

Y, finalmente, perdónate a ti mismo. Sé que muchos de nosotros hemos hecho cosas en el pasado que nos atormentan. La culpa realmente es un peso insoportable. Así que recuerda: si Jesús pudo perdonarte, sigue el mismo camino ¡y libérate hoy!

DESATANDO LOS NUDOS DEL PASADO

Al leer este capítulo es posible que hayas recordado una experiencia de tu pasado. Todos tenemos alguna situación no resuelta, algo que hemos vivido y que aún no ha tenido resultado. ¡Ahora es el momento de buscar una cura!

Si te han ofendido, escribe una carta a la persona que te ofendió, perdonándola. Si es posible, ponte en contacto con esta persona e intenta poner fin a esta historia.

Recuerda: el perdón no tiene límites. Actúa aun si la otra persona involucrada en la situación no tiene interés en reconciliarse. Haz tu parte y vive en paz.

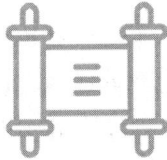

TU VIAJE HACIA UNA VIDA

DE PAZ Y PROSPERIDAD

COMIENZA AHORA.

10

EL PRINCIPIO DE LA EVOLUCIÓN ESPIRITUAL: LA LEY ESPIRITUAL DE LA INVENCIBILIDAD

Conozcamos al Señor; esforcémonos por conocerlo.
Oseas 6:3

Conocer a Dios es algo inalcanzable, infinito. Crecer en el conocimiento de quién es Él es una búsqueda interminable.

Si antes de empezar a leer este libro no creías en Dios, creo que ahora ya tienes una base suficiente para querer descubrir la verdad. Él no solo es real, sino también inmensurable e insondable. Pensó en todo antes de crearnos, antes de formar el universo. Estableció principios para protegernos y promovernos en esta peregrinación terrenal. ¡Nuestro Creador es perfecto!

Al ver el título de este capítulo, tal vez te hayas preguntado: "¿Por qué evolucionar espiritualmente es un principio milenario?". Te respondo: porque nadie ha logrado, en todos los milenios de la historia humana cumplir los nueve primeros principios sin antes evolucionar en la vida espiritual. Necesitamos apoyo sobrenatural para seguir cada uno de los preceptos que estudiamos aquí.

Nací en un hogar cristiano. Mi padre, además de militar retirado de la Marina, es pastor, al igual que su padre antes que él. Nunca tuve dificultad para entender la religión como un grupo de personas reunidas para adorar al Dios único e invisible. Cuando era niño, aprendí que la palabra "religión" tiene origen en el latín *religare*, que a su vez significa "religar, volver a unir o conectar". Así, la religión es lo que nos religa a quien pensó en nosotros antes de nacer, al Creador. ¿Qué concepto más bonito, ¿no?

El único problema es que la religión practicada hoy en día no siempre está relacionada con la verdadera fe, ya que la fe bíblica no implica simplemente ser fiel a las reglas o dogmas de una iglesia (sea cual sea), sino ayudar a huérfanos, viudas y mantenerse libre de la contaminación de este mundo (véase Santiago 1:27). Es decir, ayudar a quien necesita y mantenerse alejado de todo lo que es "incorrecto".

Aunque parezca un concepto fácil y simple, ponerlo en práctica es difícil, muy difícil, ¡créelo! Tu evolución espiritual depende de tu respuesta a lo que estás leyendo ahora. Generalmente queremos vivir para nuestros deseos y placeres. Evolucionar espiritualmente es lo contrario: es vivir por la voluntad divina y matar nuestros placeres. Pero al final, tenemos la garantía de que todo saldrá bien.

Ayudar a quien necesita, y a veces incluso a quien no lo merece pero está en necesidad, es la marca de aquellos que han evolucionado. Frecuentemente no lo hacemos debido a nuestras emociones que contradicen los principios milenarios. Conozco personas que llevan treinta años en una iglesia, completamente obsesionadas con preceptos religiosos, con la mente consumida por las ideas de su propio mundillo. En todas esas décadas de contacto con la religión, nunca han evolucionado en la espiritualidad. Nunca las he visto socorrer a personas sin esperar nada a cambio; el chisme y la calumnia forman parte de sus rutinas. Y orar, leer la Biblia y ayunar, solo si es frente a los demás para mostrarse "espirituales".

Una persona que está en evolución espiritual muestra señales evidentes. Entre ellas, nunca está en el círculo del chisme, no tiene la costumbre de usar palabras vulgares y no hace comentarios inmorales. Estas personas son conocidas por su espíritu de servicio y prontitud, no provocan conflictos, son pacificadoras, tienen discernimiento y poseen un dominio propio que es la prueba de que el Espíritu Santo —la ayuda de lo alto que necesitamos para cumplir los principios— está en ellas.

RESPIRANDO LA EVOLUCIÓN ESPIRITUAL

Cuando realmente aprendemos una lección, la absorbemos. Pasa a vivir dentro de nosotros y queda grabada en nuestra memoria. Puede que no pienses en ella todos los días, pero como está en tu mente se activa fácilmente cuando es necesaria, como un gatillo mental. Después de aprender a sumar unidades, no necesitamos levantar los dedos para contar cuánto es dos más dos, pues automáticamente nuestro cerebro nos da la respuesta. ¿Entiendes la idea?

Lo mismo ocurre con las instrucciones para momentos de crisis. Después de escuchar las mismas instrucciones varias veces, sabemos cómo actuar en el momento del peligro. Por ejemplo, antes de cualquier vuelo la tripulación da a los pasajeros las instrucciones de seguridad: "En caso de despresurización, las máscaras de oxígeno caerán automáticamente del compartimento sobre los asientos. Coloca la máscara de oxígeno sobre tu nariz y boca y respira normalmente. Solo después, ayuda a quien está a tu lado".

Si estás en una casa y se incendia, sabes que debes buscar la salida lo antes posible, verificar la temperatura del tirador o manija antes de abrir una puerta y evitar inhalar el humo. Quien creció en una ciudad con alto índice de violencia, como es mi caso, sabe que si es sorprendido por un tiroteo en medio de la calle, debe agacharse y buscar refugio detrás de un poste, edificio o algo similar.

Cuando informaciones como estas son completamente absorbidas, pasan a vivir dentro de las personas, y saben exactamente qué hacer, aunque estén asustadas o tengan poco tiempo para pensar. En el momento del peligro, se enciende una luz y la memoria dice: "Esto es lo que tienes que hacer". Reaccionamos automáticamente basándonos en informaciones absorbidas a lo largo de la vida.

Si juntamos estos ejemplos, podemos concluir que existen algunas verdades que deben vivir en nosotros y que deben ser protegidas por la fortaleza de la convicción: mantente alejado de todo lo que es malo; no andes con los perversos e injustos; sé honesto y verdadero; cuando te equivoques, arrepiéntete rápidamente y resuelve la cuestión con una petición de perdón.

Hay un dicho popular que afirma que nuestro verdadero yo se revela cuando somos tomados por sorpresa. Esto se debe a que, en los momentos de crisis, lo que guardamos en nuestro corazón sale a la superficie, de la misma manera que las instrucciones sobre poner la máscara de oxígeno saltan a nuestra mente en un viaje en avión. Es una reacción espontánea, y por lo tanto honesta.

En la espiritualidad también es así. Por eso necesitamos absorber los principios milenarios y practicarlos siempre, hasta que se vuelvan tan indispensables y naturales para nosotros como nuestras manos o pies. Este es un proceso largo, pero necesario.

Las personas que evolucionan espiritualmente tienen similitudes entre sí. Si observas, verás que comienzan a tener actitudes idénticas y se parecen en su manera de actuar. He enumerado a continuación diez características de las personas que evolucionan. Nota que todas ellas son el resultado de la aplicación práctica de lo que has aprendido hasta aquí:

☐   1. No son egoístas.

☐   2. Priorizan escuchar la voz divina y cumplir su voluntad.

☐   3. Tienen un deseo incontrolable de compartir la verdad.

☐   4. Son generosas y disfrutan regalando.

☐   5. Demuestran empatía y compasión.

☐   6. Sirven a los demás sin esperar recibir algo a cambio.

☐   7. No juzgan a nadie, sino que actúan con misericordia.

☐   8. No escuchan ni participan en chismes e intrigas.

☐   9. Son agradecidas por todo.

☐   10. Ponen lo correcto por encima de su propia voluntad.

¿Observaste que hay pequeños recuadros junto a cada número en la lista que presenté?

Lee nuevamente y con mucha atención cada una de las características. Marca un ✓ en aquellas que consideras que ya has alcanzado y una ✘ en las que aún necesitas desarrollar.

Cada tres meses realiza una reevaluación y una autocrítica sobre el tema, y elige una característica para dedicarte con mayor empeño.

LA EVOLUCIÓN DE CRISTO

Jesús de Nazaret es nuestro mayor ejemplo de evolución espiritual. Él es completamente Dios, y mientras estuvo aquí fue completamente humano. Jesús pasó por las mismas necesidades que nosotros: sintió frío, hambre y sed. Sufrió como sufrimos nosotros. Fue de carne y hueso como somos y mostró cómo las personas espiritualmente evolucionadas actúan en el día a día.

Hay dos historias de su breve paso por la tierra (vivió unos 33 años) que nos enseñan mucho sobre el tema. Observa que hay un hecho curioso en relación con estas situaciones: la primera historia es el hito inicial de su trabajo espiritual en la tierra, su ministerio terrenal; la segunda ocurre al final de su vida bajo este cielo.

Comencemos por el principio. Antes de iniciar su ministerio, predicando sobre la paz que el mundo no conocía y el camino a la vida eterna, el Maestro fue tentado durante 40 días por el enemigo en el desierto de Judea. En Mateo 4:3-9 leemos que el Diablo hizo tres intentos de desviar a Jesús de su rumbo espiritual. En el primero, dijo: *Si eres el Hijo de Dios, ordena a estas piedras se conviertan en pan* (v. 3).

En el segundo, el tentador llevó al Maestro *a la ciudad santa, he hizo que se pusiera de pie en la parte más alta del Templo y le dijo: "Si eres el Hijo de Dios, tírate aquí abajo. Pues escrito está: 'Él dará órdenes a sus ángeles acerca de ti; te sostendrán en sus manos, para que no tropieces con piedra alguna'"* (v. 5, 6). Luego, el enemigo hace su último intento. Llevó al hijo del carpintero *a una montaña muy alta. Allí le mostró todos los reinos del mundo y su esplendor. Y le dijo: Todo esto te daré si te postras y me adoras* (v. 8, 9).

Habían pasado cuarenta días desde que Jesús había comido, y el príncipe de las tinieblas lo incitó a transformar piedras en panes para así saciar su necesidad básica y personal. El segundo intento apuntó al orgullo de Jesús: "Si eres...". ¿Cuántas veces hemos visto a alguien equivocarse por querer demostrar algo a un colega de trabajo, de la universidad o a un miembro de la familia? La persona se siente desafiada y hace lo que no debía. Puro orgullo.

El último intento del enemigo de la vida eterna funcionaría con muchas personas: promete poder sobre todos los reinos del mundo a cambio de adoración. El Nazareno probó allí que no era vanidoso y que prefería seguir su camino de evolución.

Pasados unos tres años del evento conocido como la tentación de Jesús, cuando estaba a punto de ser arrestado y llevado a la cruz, el Maestro sintió el peso del sacrificio que le esperaba, pues sabía que estaba al final de su vida terrenal. Como está escrito en Mateo 26:36-39 (énfasis añadido):

Luego fue Jesús con sus discípulos a un lugar llamado Getsemaní y dijo: «Siéntense aquí mientras voy más allá a orar». Se llevó a

Pedro y a los dos hijos de Zebedeo y comenzó a sentirse triste y angustiado. «Es tal la angustia que me invade que me siento morir —dijo—. Quédense aquí y manténganse despiertos conmigo».

Yendo un poco más allá, se postró rostro en tierra y oró: «**Padre mío, si es posible, no me hagas beber este trago amargo. Pero no sea lo que yo quiero, sino lo que quieres tú**».

La muerte en la cruz era terrible. Para Jesús, fue un dolor profundo que atrajo sobre él una agonía indescriptible. El Nazareno estaba triste y angustiado, como muchos de nosotros cuando tenemos que lidiar con situaciones difíciles, por eso consultó a Dios. El cáliz, en este texto, simboliza el sacrificio de la muerte en la cruz a favor de los pecados de toda la humanidad. Al decir "si es posible", el Maestro pidió por una alternativa, pues prefería no enfrentar el "cáliz" que lo aguardaba. Sin embargo, afirmó que haría la voluntad de Dios Padre, porque sabía que la voluntad de Dios era el bien de todos.

El Nazareno renunció a su propia voluntad para hacer lo correcto. No fue egoísta. Tuvo compasión. Venció el miedo, el pavor y la tristeza para seguir su evolución y cambiar la historia de la humanidad para siempre. Lo más relevante es que no actuó así para beneficio propio, sino por ti y por mí.

La evolución espiritual es el camino para que cumplas tu destino en la tierra.

Como hijo de militar, seguir la religión fue relativamente fácil. Difícil fue cuando descubrí la espiritualidad y traté de vivirla. Esto se debe a que la vida espiritual, a diferencia de la religiosa, no depende del cumplimiento de reglas, sino de una vivencia basada en principios inmutables y también de una asociación con el Espíritu Santo. Sin ambos, no solo eres incapaz de ir muy lejos, ¡simplemente no avanzas!

Guarda esta poderosa verdad: nadie nació para quedarse siempre en el mismo lugar. Fuimos creados para evolucionar. Tú, yo y todos los que vivimos en la tierra. Nadie debe quedarse estático, actuar siempre de la misma manera, ver la vida pasar por la ventana. El ser humano evoluciona, los árboles evolucionan, los animales del campo también. Todo está en constante evolución. Lo que no evoluciona termina atrofiado o muere. El mismo concepto se aplica a la espiritualidad. En esta área tan importante de la existencia humana, es necesario estar en constante evolución.

Detente unos segundos y reflexiona sobre lo que has aprendido hasta aquí. Piensa en los principios que están en las páginas anteriores y en todas las leyes espirituales que he presentado. Todo esto ha hecho que des pasos hacia la evolución espiritual. Ahora que tienes el conocimiento, ¡no puedes detenerte!

Anota en las siguientes líneas los principales conceptos aprendidos y cómo se están aplicando en tu rutina. Hazlo sin consultar el resto del libro, para que puedas comparar tu respuesta con el contenido y así identificar los conceptos que aún necesitan ser absorbidos.

_____

_____

_____

EL AMOR ES EL PRINCIPIO DE TODO

Al final, ¿qué es la evolución espiritual?

Antiguamente, cuando alguien te maltrataba o te contradecía tu respuesta se basaba en lo que las emociones querían; ahora actúas de acuerdo con lo que está escrito en el Libro de la Sabiduría Milenaria.

Esta diferencia de conducta es profunda y transformadora. Ahora tienes dominio de tus emociones y piensas en la otra persona, a pesar de que ella hable y actúe de manera indebida. Esta es una clara demostración de evolución espiritual.

En lugar de guardar rencor, perdonas a quien hirió tus sentimientos. Tu posición es la de quien alimenta al enemigo que tiene hambre, aunque él te haya perseguido o hablado mal de ti y de tu familia. Ahora ya no tienes la idea de que tienes que "gustar" de todos; en realidad, has creado la conciencia de que debes amar al prójimo. Gustar es sentir placer o agradarte con algo o alguien. Gustar es un sentimiento. Amar, en cambio, es un mandamiento. Así que, cuando amas, realmente comienzas a progresar espiritualmente. Amar genera evolución espiritual.

De lo contrario, ¿cómo podríamos amar a nuestros enemigos, según la ordenanza de Jesús en Mateo 5:44, si nos han hecho tanto daño? Amar es practicar el poder de ponerse en el lugar del otro y así sentir lo que él siente, de tal manera que no puedes seguir tu vida sin hacer algo para ayudarlo.

En mayo de 2024 grandes inundaciones destruyeron el estado de Rio Grande do Sul, afectando a más de 1.4 millones de personas. Ciudades enteras quedaron inundadas: personas perdieron sus casas, sus familiares, su vida. Más de 100 personas murieron, alrededor de 130 desaparecieron y más de 360 resultaron heridas. El día que vi las noticias me impactó tanto que interrumpí un viaje de trabajo a Estados Unidos y tomé un vuelo a Rio Grande do Sul. Llevamos muchísimos litros de agua, papel higiénico y otros artículos de necesidad básica. Pero si el amor fuera un sentimiento, ¿cómo podríamos ayudar a personas que ni siquiera conocemos?

Dios está en el corazón de quien asiste a una catástrofe de este tipo y no sigue con su vida. También en la reacción de quienes tienen suficiente amor para ponerse en el lugar de los demás e interferir positivamente en la vida de quienes están sufriendo. Es disminuir el dolor de los demás, pues Dios no existe para impedir las angustias, sino para levantar a aquellos que van a disminuir el dolor de muchos. Recuerda esto: al final de los tiempos quedarán la fe, la esperanza y el amor, pero la Biblia dice que el mayor de estos es el amor.

> **CUANTO MAYOR SEA TU EVOLUCIÓN ESPIRITUAL,**
> **MÁS PLENAMENTE**
> **VIVIRÁS TU PROPÓSITO EN LA TIERRA.**

La parábola del buen samaritano, registrada en Lucas 10:25-37, contada por Jesús en el Libro de la Sabiduría Eterna, derriba cualquier duda que pueda surgir en tu camino. La historia es sobre un hombre que ayudó a un desconocido herido. Hasta ahí nada extraordinario, ¿verdad? Pero presta atención a los detalles: quien ayudó era samaritano, y quien recibió la ayuda, judío. Samaritano era la denominación dada al pueblo de la región de Samaria que no se llevaba bien con los judíos, nombre de los descendientes de la tribu de Judá. Cuestiones políticas y religiosas habían distanciado a los dos grupos durante siglos. Muchos de ellos simplemente se odiaban unos a otros.

No fue casualidad que el Maestro escogiera a estos personajes para la historia, que fue contada para responder a la pregunta "¿Quién es el prójimo a quien debo amar?". Jesús, ante los judíos, habló del samaritano que ayudó a un judío desconocido. El judío había sido robado, golpeado casi hasta la muerte y abandonado al borde de un camino. El samaritano estaba de paso, vio la escena y se detuvo, porque no pudo seguir sin antes ayudar al hombre en agonía, solitario y sin esperanza. Eso es amar.

Esta narrativa puede adaptarse a nuestros días. Es común, especialmente en las grandes ciudades, ver a personas en situación de abandono en la calle, deambulando o acostadas en las aceras.

Algunos piden dinero, otros comida o ropa. Algunos están heridos, durmiendo o inconscientes en el suelo. No conoces a esa persona y nunca la has visto antes, pero ¿qué tal detenerte y ayudarla? Eso fue lo que hizo el buen samaritano.

En resumen: amar no es ser agradable. Amar no exige conocer al otro. Amar no exige lazos afectivos que motiven tu acción. Amar es sentir lo que el otro siente y decidir hacer algo por esa persona. Y aquí hay un punto que no puedes ignorar más: el amor es una prueba de evolución espiritual. La evolución espiritual es lo que nos hace, cada día que pasa, ser mejores personas.

Independientemente de tu humor, tu simpatía y tu temperamento, empezarás a saludar a más personas, a sonreír más, a quejarte menos y a agradecer más. Estas son pruebas de tu madurez y de tu evolución espiritual. Sí, debes agradecer por todo, incluso por aquello que no comprendes.

Empezarás a honrar a las personas que merecen honor, serás generoso, tendrás madurez para enfrentar los obstáculos de la vida, hablarás solo la verdad, elegirás cuidadosamente tus palabras.

Cuando practiques todas las leyes espirituales que hemos aprendido aquí, estarás en plena evolución espiritual. Puede parecer difícil cumplir estos principios al comienzo, pero ya sabes que, si quieres evolucionar, ese es el único camino. La gran noticia es que, al incorporarlos en tu rutina, pronto no tendrás más dudas sobre cómo actuar y comenzarás a ascender por la senda de la evolución espiritual.

Las personas espiritualmente evolucionadas logran, de hecho, transformar el mundo a su alrededor. Todos tenemos el poder de derramar sobre las personas lo que llevamos dentro de nosotros. Algunos derraman odio, pero los espiritualmente evolucionados irradian paz, buenos consejos y ayuda.

Ahora el conocimiento sobre las leyes espirituales ha llegado hasta ti. Ya no es posible decir "no sabía". La senda de la evolución espiritual está abierta para que camines por ella y sigas creciendo.

A partir de hoy, la depresión no encontrará el camino a tu mente, la quiebra financiera nunca alcanzará tu negocio, la ansiedad no sabrá dónde está tu casa, el miedo excesivo, la tristeza profunda y el odio no podrán encontrarte. Porque estarás guardado en el refugio del gran Dios. El motivo de todo esto es:

¡QUIEN ESTÁ EN EVOLUCIÓN TIENE PROTECCIÓN!

Si quieres comenzar tu proceso de evolución espiritual hoy, bíblicamente hablando, el primer paso es creer en tu corazón que Jesucristo murió en la cruz, que al tercer día resucitó de los muertos y que hoy está vivo por toda la eternidad. Luego, debes confesar con tus labios que él es tu Señor y Salvador. El segundo paso es arrepentirte de tus pecados, confesarlos y desear profundamente no volver a practicarlos.

Con esto, tu proceso comienza ahora.

Si es tu deseo continuar, repite conmigo esta oración:

Señor Dios,

Acepto a Jesús como mi Señor y Salvador. Estoy agradecido porque él murió y resucitó para que hoy yo tenga esperanza de vivir eternamente.

Perdona mis pecados. Confieso que he vivido fuera de tus caminos y en contra de tu verdad. Pero, arrepentido, pido tu misericordia.

Escribe mi nombre en el libro de la vida.

Que a partir de hoy ya no viva más yo, sino que Cristo viva en mí.

Te pido esto en el nombre de Jesús, amén.

Paz y prosperidad.

AGRADECIMIENTOS

Este libro es fruto de la cooperación de un gran equipo. Estoy agradecido a mis colaboradores del Instituto Destiny, a mi hermano Daniel Brunet que me ayudó con los textos y revisiones; a Gisele Romão, que desde el inicio de mi carrera siempre ha contribuido con ideas y con su talento en las ediciones. Estoy agradecido a Clarissa Melo y a la editorial Planeta por todo el apoyo que hizo posible esta obra.

Agradezco a Xavier Cornejo, mi editor en español e inglés, que me apoya desde el inicio de todo. También estoy agradecido a Marcos Simas, uno de los primeros "cazatalentos" que creyó en mí como escritor.

Ofrezco además mi gratitud a los millones de lectores alrededor del mundo que devoran las páginas de nuestros libros, buscando siempre sabiduría del cielo a través de cada frase que escribo. ¡Sin ustedes nada de esto estaría ocurriendo!

Por último, agradezco al Espíritu Santo de Dios. Él es quien me inspira a escribir y quien sopla en mis oídos lo que desea comunicar. Soy solo un instrumento.

Gracias.